Serie de Teoría Jurídica y Filosofía del Derecho N.º 80

Contra la tradición
Perspectivas sobre la naturaleza del Derecho

La Torre, Massimo

   Contra la tradición : perspectivas sobre la naturaleza del derecho / Massimo La Torre ; (introducción y traducción de los capítulos 1, 2 y 3) a cargo de Francisco M. Mora Sifuentes ; (traducción del capítulo 4) por Francisco Javier Ansuátegui Roig. - Bogotá: Universidad Externado de Colombia. 2016.
   243 páginas; 16,5 cm. (Teoría Jurídica y Filosofía del Derecho ; 80)

Incluye referencias bibliográficas.

ISBN: 9789587725377

1. Filosofía del derecho 2. Argumentación jurídica 3. Teoría del derecho 4. Positivismo jurídico 5. Derecho natural 6. Derecho y ética I. Mora Sifuentes, Francisco M., traductor II. Ansuátegui Roig, Francisco Javier, traductor III. Universidad Externado de Colombia IV. Título V. Serie.

340.1   SCDD 15

Catalogación en la fuente -- Universidad Externado de Colombia. Biblioteca. EAP.

                                           Septiembre de 2016

MASSIMO LA TORRE

Contra la tradición
Perspectivas sobre la
naturaleza del Derecho

Introducción a cargo de
FRANCISCO M. MORA SIFUENTES

Universidad Externado de Colombia

Serie orientada por Carlos Bernal Pulido

ISBN 978-958-772-537-7

©   **2016, MASSIMO LA TORRE**
©   **2016, FRANCISCO M. MORA SIFUENTES** (introd./trad. caps. 1, 2 y 3)
©   **2016, FRANCISCO JAVIER ANSUÁTEGUI ROIG** (trad. cap. 4)
©   **2016, UNIVERSIDAD EXTERNADO DE COLOMBIA**
     Calle 12 n.º 1-17 este, Bogotá
     Tel. (57-1) 342 02 88
     publicaciones@uexternado.edu.co
     www.uexternado.edu.co

Primera edición: septiembre de 2016

Ilustración de cubierta: Massimo La Torre, tomada de https://www.
uni-muenster.de/KFG.../latorrem.html
Composición: Karina Betancur Olmos

CONTENIDO

INTRODUCCIÓN
MÁS ALLÁ DE LA TEORÍA
IMPERATIVISTA DEL DERECHO

*Francisco M. Mora Sifuentes**

I

El libro que el lector tiene en sus manos es de la autoría de Massimo La Torre, profesor italiano, nacido en Mesina en el seno de una familia de juristas. Su padre ejerció la abogacía y sirvió en la resistencia italiana contra el fascismo. Fue educado dentro de la tradición humanística –en un *Liceo Classico*– que incluyó el estudio del griego y del latín así como una sólida formación literaria. Cursó tanto la Licenciatura en

* Profesor-Investigador de tiempo completo en el Departamento de Derecho de la División de Derecho, Política y Gobierno. Universidad de Guanajuato, México. Candidato al Sistema Nacional de Investigadores, SNI-Conacyt. Agradezco los comentarios que a una versión previa de esta introducción me formularon Francisco Javier Ansuátegui Roig y Alicia I. Saavedra-Bazaga. Contacto: *mora.sifuentes@gmail.com*

Derecho como la Licenciatura en Ciencia Política en
su Mesina natal. De esta época destaca el magisterio
recibido de los profesores Rodolfo Di Stefano y Vin-
cenzo Tomeo. Después de ejercer ante los tribunales
y trabajar en el Archivo Estatal de Bolonia, se doctoró
en el Instituto Universitario Europeo de Florencia
con una tesis sobre Karl Larenz y la doctrina jurídica
nacionalsocialista alemana bajo la supervisión de
Gunther Teubner. Su itinerario profesional e intelectual lo ha llevado por un número considerable de
centros de estudio universitarios: Graz, Edimburgo,
Carlos III de Madrid, Münster, Estrasburgo, Lisboa,
Hull, Catanzaro, entre otros. Desde mi punto de vista,
el ambiente jurídico en el que estuvo inmerso du-
rante su infancia así como la educación humanística
recibida marcaron fuertemente su sensibilidad, su
carácter. Ambos hechos, pienso también, son fundamentales para comprender su trabajo y pueden
encontrarse reminiscencias claras de ello a lo largo
de estas páginas[1].

Ahora bien, si el profesor La Torre es reconocido
en el ámbito de la teoría y la filosofía jurídicas contemporáneas es gracias a sus esfuerzos por desarrollar una teoría institucional del Derecho. Una teoría
filosóficamente ambiciosa que pretende superar las

---

[1] Para una visión general, permítaseme una referencia a la conver-
sación que sostuve con el autor en Francisco M. Mora Sifuentes.
"El Derecho y sus conceptos. Entrevista a Massimo La Torre",
en *Ciencia Jurídica*, n.º 5, vol. 3, 2014, pp. 115-134.

objeciones tradicionales a las que se enfrenta dicha aproximación a lo jurídico. Con tal finalidad, se adscribe al "neoinstitucionalismo" que, más que una escuela, es un movimiento que comienza con la *Reine Rechtslehre* de Hans Kelsen y el positivismo jurídico renovado de H. L. A. Hart, y pasa por Ota Weinberger y Neil MacCormick, respectivamente. Asimismo, es cercano a los autores del llamado "giro interpretativo": Robert Alexy, Aleksander Peczenick o Aulis Aarnio. El autor de los ensayos aquí reunidos se dijo fascinado por los desarrollos que esos filósofos comenzaban a gestar y que se materializaron, a finales de los años setenta, en contribuciones hoy clásicas[2]. Fue miembro y participó activamente en los trabajos del *Bielefelder Kries*, que aglutinó a muchos de los mejores filósofos del Derecho europeos de su generación[3].

II

El pensamiento de nuestro autor puede introducirse con dos elementos que son persistentes en su obra.

---

[2] Véase Massimo La Torre. "A flag in the wind. In Memoriam Professor Sir Donald Neil MacCormick (1941-2009)", en *Rechtstheorie*, n.º 41, 2010, pp. 1-8, aquí pp. 2-3.

[3] Los líderes del citado círculo fueron los profesores Neil MacCormick y Robert Summers. Véase la afirmación del segundo en Robert Summers. "D. Neil MacCormick: Remarkable friend, colleague, scholar, and political figure", en *Ratio Juris*, vol. 22, n.º 3, 2009, pp. 421-424, nota 1.

Por una parte, su insatisfacción con el paradigma dominante en la teoría del Derecho. Es decir, su oposición al paradigma en el que se incluyen la *Analytical Jurisprudence* o las teorías del Derecho del Estado, desde hace al menos dos siglos, y que se caracterizan por ser teorías de la soberanía, de base decisionista, cuya piedra angular es la violencia estatal. Para Massimo La Torre estas formas de aproximación a lo jurídico del tipo "mandatos respaldados por amenazas" son erróneas. Siempre se ha opuesto a ellas esgrimiendo varias razones. No me resisto a citar completo el siguiente párrafo porque, a la vez que plantea de forma clara sus argumentos contra el imperativismo, contiene *in nuce* su agenda teórica:

La filosofía del Derecho analítica –escribió– no me satisface [...]. Por un lado, por su reduccionismo ontológico, el cual predica que la única dimensión relevante del ser es una de tipo empirista o fisicalista que resulta hostil a cualquier intento serio de considerar el Derecho como un ámbito en el que los argumentos realmente importan y son determinantes para la toma de decisiones. No me resulta fácil aceptar que el razonamiento jurídico sea simple ideología o una variable del modo estímulo/respuesta de la conducta humana. Me cuesta asumir la idea del neo-positivismo de que "todas las proposiciones tienen el mismo valor" –utilizando las palabras de Wittgenstein (*Tractatus logico-philosophicus*, § 6.4)–, ya que un valor –para citar nuevamente otra frase de Wittgenstein– "permanece fuera del mundo" y, por tanto, los valores ni son susceptibles de ser conocidos, ni podemos aproximarnos a ellos de forma racional. Por otro lado, no concibo cómo el lenguaje puede ser la categoría existencial central del Derecho, degradando la realidad extralingüística a un mero contenido destinado a la elaboración de proposiciones lingüísticas y, por lo tanto, contribuyendo a que, finalmente, el Derecho sea definido simplemente como otro tipo de función del lenguaje. Y por último, considero que lo que acecha detrás de la teoría analítica del Derecho y del realismo jurídico es la vieja, y en algún sentido terrible, idea del Derecho como fuerza o violencia. El "hecho" que celebra el realismo jurídico es una suerte de *fait accompli* de la facticidad del fuerte sobre el débil. Al final, el decisionismo –me parece– es el resultado último del positivismo jurídico, cualquiera que sea su fundamento filosófico; lo cual es más claro bajo el prisma del neo-positivismo y del fisicalismo[4].

Es cierto, por lo demás, que la teoría práctica de las normas hartiana infligió una severa crítica a la teoría desarrollada por John Austin, abriendo nuevas sendas al interior –e incluso más allá– del positivismo jurídico. La crítica a las definiciones *per genus et differentiam*, la construcción del Derecho en tanto unión de reglas primarias y secundarias (y aquí debe resaltarse la importancia de introducir estas metanormas),

---

4   Cfr. MASSIMO LA TORRE. "Reform and Tradition. Changes and Continuities in Neil D. MacCormick's Concept of Law", en A. J. MENÉNDEZ y J. E. FOSSUM (eds.). *Law and Democracy in Neil D. MacCormick Legal and Political Theory. The Post-Sovereign Constellation*, Dordrecht, Springer, 2011, pp. 55-67, aquí pp. 55-56.

la defensa de la especificidad del Derecho como un
fenómeno con normatividad propia, basado en reglas,
o la centralidad dada al punto de vista interno para
su adecuada comprensión (el giro hermenéutico), son
todas ellas piezas centrales en su esquema. Si rescato la
teoría de Hart es porque la puesta en marcha de todos
esos elementos deja entrever –a juicio de La Torre– dos
"promesas incumplidas" en la obra del profesor de
Oxford. Por un lado, la promesa de una teoría "anti-
autoritaria" del Derecho y, por otro, la promesa de una
teoría "hermenéutica", una teoría construida desde
el punto de vista de quienes participan en la práctica
jurídica[5]. Ambas "promesas" son, precisamente, el
otro elemento que se debe tener en cuenta.

En efecto, la obra de La Torre –además de su oposición a la teoría imperativista del Derecho– puede
entenderse como parte de la empresa que busca completar las ya referidas "promesas hartianas". Así ocurre cuando el profesor italiano insiste en la idea de
que su teoría es más compasiva que aquella que ve
el Derecho como producto de la violencia –una teoría *mite*–, o cuando dice que el neoinstitucionalismo
es la mejor alternativa contra la idea del Derecho
cuya realidad es el mundo de la prescripción o del
mandato[6]. Por otra parte, apuesta firmemente por la
centralidad que, estima, debe tener la práctica jurídica

---

[5] Véase La Torre. "A flag in the wind", cit., p. 4.
[6] Véase nuevamente, Mora Sifuentes. "El Derecho y sus conceptos.
Entrevista a Massimo La Torre", cit., p. 130.

para la comprensión del concepto de Derecho, algo que las teorías positivistas, sobre todo en su versión "excluyente" *à la* Joseph Raz, han venido negando también con ahínco[7]. En ese propósito su deuda con *scholars* como MacCormick o Weinberger es patente. Pero se perciben otras influencias: Santi Romano, Hannah Arendt, el "segundo" Wittgenstein, John R. Searle, Jürgen Habermas, Ronald Dworkin, Robert Alexy, etc.

Ahora, si tuviera que señalar en qué radica el atractivo de la obra de nuestro autor, diría que en su bagaje "antiguo" magistralmente intercalado con referencias filosóficas más contemporáneas. Ello le proporciona una impronta personal, alejada del modo típicamente analítico que no gusta lidiar con nociones densas o normativamente comprometidas. Y más que una peculiaridad, son precisamente las referencias clásicas, o su dominio de la tradición jurídica continental europea, lo que caracteriza su forma de hacer teoría y filosofía del Derecho. Así, lo que el lector encontrará en el presente libro son las "piezas" más relevantes que La Torre ha escrito en los últimos años para moldear, desarrollar o dotar de sentido a una empresa teórica que lo aparta decididamente del positivismo jurídico pero también de las versiones

---

[7] La opinión del autor puede verse también en MASSIMO LA TORRE. "Teoria del diritto e punto di vista interno - Sviluppi e ripensamenti", en *Anuario de Filosofía del Derecho*, BOE, 2013 (XXIX), pp. 141-160.

más radicales del Derecho natural. En su propuesta la idea de institución juega, por supuesto, un papel central y que media entre ambos. Tampoco reniega, al contrario, le gusta "revelar" o explicar la fuerte dimensión normativa, inclusive ontológica, que se hace presente en sus escritos.

Antes de introducir sumariamente el contenido del libro conviene puntualizar que lo que ahora integra sus cuatro capítulos no se concibió originalmente para formar parte de una publicación unitaria. Ello no obstante, los trabajos guardan entre sí una proximidad temática y de enfoque que les proporciona una coherencia interna importante. En segundo lugar, debe decirse que los capítulos tienen su base en escritos publicados con anterioridad en revistas o libros colectivos, mismos que, sin embargo, no se reproducen aquí. El autor ha preparado especialmente una nueva versión para la Serie de Teoría Jurídica y Filosofía del Derecho de la Universidad Externado de Colombia. Advertido lo anterior, pasemos brevemente a cada uno de ellos.

III

En el primer capítulo, "Hannah Arendt y el concepto de Derecho", se ofrece un análisis de los planteamientos de la filósofa *malgré elle*[8] con la finalidad de

---

[8] Ello queda patente en su entrevista "Was bleibt? Es bleib die Muttersprache" (cito por la trad. cast.: "Entrevista televisiva con

esbozar su "definición" de Derecho. Es un texto muy útil no solo para introducir el trabajo de Arendt sino también para *comprender* la profundidad de su pensamiento. De este ensayo cabe destacar su insistencia en el carácter fundacional del Derecho –los "muros" de la ciudad–, es decir, su carácter constitutivo más que prescriptivo; o su vinculación con la idea de poder, "*Macht*", opuesto a la idea de violencia, "*Gewalt*", y diferenciado de la de resistencia, "*Kraft*". El poder (y el Derecho) se presenta aquí como una capacidad especial: la capacidad de actuar conjuntamente generando marcos de referencia significativos. Es por ello, y no por otra razón, que el Derecho gobierna las relaciones entre los seres humanos, por y para ellos, y lo hace desde la pluralidad, el diálogo y la convención, toda vez que se hace indispensable arribar a acuerdos público-positivos. Si es cierto, como parece serlo, que Hannah Arendt fue republicana antes del republicanismo, este trabajo nos muestra de manera diáfana un nexo profundo –incluso necesario, diría yo– entre Derecho y política con sus dimensiones discursivas. Desde este primer capítulo podemos apreciar características normalmente asociadas al institucionalismo, es decir, que se trata de teorías del Derecho desde el punto de vista de lo "público"; o si se prefiere, con una impronta sociológica y política considerable.

Günter Gaus", en HANNAH ARENDT. *Lo que quiero es comprender. Sobre mi vida y mi obra*, Madrid, Trotta, 2010, pp. 42 y ss.).

En el segundo capítulo, "Sobre dos versiones opuestas de iusnaturalismo: incluyente versus excluyente"
–conocido ya por los lectores de la *Revista Derecho del
Estado*–, se formula una distinción entre dos tipos de
teorías de Derecho natural. Se trata de una propuesta
de gran utilidad ya que posee un enorme poder explicativo. La Torre retoma la polémica, existente en el
interior del positivismo jurídico, entre las versiones
"incluyentes" y "excluyentes" para proyectarla al
ámbito de las teorías del Derecho natural. Desde su
punto de vista, las teorías "excluyentes" se caracterizan por no dar importancia al momento definitorio de
las reglas básicas que han de regir a una sociedad. El
Derecho es visto básicamente como un instrumento
para aplicar *la* moral (o unos requerimientos morales supremos que se tienen por objetivos, e incluso,
verdaderos). Asimismo, dichos principios se reputan
"conocidos" o "evidentes" únicamente para el teórico que los propone, excluyendo a los demás en dicho ejercicio. El problema de la autoridad, el *quién* de
la política, no es trascendente aquí –o no lo es, en la
medida en que no se salga del perímetro fijado por
aquellos principios o no haya errores en el momento
de aplicarlos–.

Las versiones "incluyentes" del iusnaturalismo
difieren de la anterior propuesta. En primer lugar,
señala La Torre, este iusnaturalismo es "incluyente"
sobre todo porque "incluye" a los demás, esto es, a
terceros –sus intereses, expectativas, visión del mundo, etc.– en la "comprobación" de los principios de
Derecho natural que han de regir en una comunidad.

Desde su propuesta *siempre* será necesario –tanto por razones epistémicas como por razones pragmáticas– que el Derecho positivo facilite un momento deliberativo público para el reconocimiento de los principios de Derecho natural. De tal manera, las versiones incluyentes o "débiles" de iusnaturalismo –como las que, señala, podemos encontrar en las teorías de Robert Alexy o Jürgen Habermas– son profundamente discursivas. Asimismo, dichas teorías tendrían la ventaja de sortear dos objeciones tradicionalmente formuladas a las propuestas de Derecho natural. Por un lado, la que señala la imposibilidad de que desde sus postulados la crítica al Derecho vigente sea posible. Por otro, la crítica que sostiene que el iusnaturalismo –como en el caso de Cicerón, por ejemplo– desprecia el Derecho positivo, de creación humana. Por lo tanto, el iusnaturalismo incluyente como teoría del Derecho sí estaría en condiciones de otorgar un lugar relevante al proceso de creación normativa convencional.

En el tercer escrito, "Iusnaturalismo, positivismo jurídico y el lugar del Derecho como institución", se pretende ofrecer un concepto que sea satisfactorio, esto es, que sea capaz de dar cuenta de la complejidad que envuelve al fenómeno jurídico. Para La Torre cada lectura del Derecho es una interpretación del mismo. Por ello, a fin de cuentas, "el Derecho es una filosofía del Derecho". El capítulo brinda un marco general a través de una serie de esquemas: cómo concebir la contraposición entre iusnaturalismo y positivismo jurídico, cuatro tipos de definiciones a propósito del Derecho (estructurales, funcionales, normativas y ontológicas), y, finalmente, tres perspectivas o puntos de vista desde los cuales podemos observar una práctica social (externo, interno –en su vertiente cognitiva y normativa– y ultraexterno). Luego señala las interrelaciones que se dan entre puntos de vista y las distintas definiciones. Lo relevante a este respecto es que, a decir del autor, ninguna definición ni punto de vista, por sí mismo, o considerado en exclusiva, puede pretender, ni mucho menos ofrecernos, una definición satisfactoria del fenómeno jurídico. Más bien, desde el punto de vista del participante ya aludido, se precisaría, y de hecho opera, una suerte de combinación de todos ellos[9].

El centro del escrito lo ocupa su argumentación a favor de un concepto de Derecho basado en una noción liberal de institución. La propuesta institucionalista del Derecho preferida por el autor proporciona una base tanto ontológica como normativa en la definición de lo jurídico, ambas indispensables, a su juicio, para un concepto de Derecho apropiado. Destaca de este trabajo que la noción de institución se presenta susceptible de contrastarse con principios o teorías morales superiores. Así, La Torre busca trascender el monismo, o si se quiere la "máscara ideológica",

---

[9] A este respecto, recomiendo al lector analizar las consideraciones que formula Carlos Bernal Pulido. "En busca de la estructura ontológica del Derecho", G. Villa Rosas (trad.), en *Revista Derecho del Estado*, n.º 30, pp. 31-54.

que subyace a la institución en tanto "realidad auto-justificada". En este sentido la noción de institución es más pluralista que comunitarista. De igual forma, el institucionalismo sería capaz de combinar tanto los tipos de definición como los diversos puntos de vista. Frente a las propuestas "incluyentes" y "excluyentes" (sean iusnaturalistas o positivistas) el autor nos presenta el institucionalismo como el mejor modelo de "iusnaturalismo incluyente": proporciona un concepto general del Derecho en donde el Derecho positivo juega un rol fundamental y que necesita respaldarse, asimismo, a través de normatividad (fuerte). La institución es aquí vista precisamente como un espacio o esfera pública para determinar qué debe hacerse, y no se colapsa en la noción de *Lebensform* sino que, y esta es la pretensión, la trasciende.

En el último capítulo, "Ontología y Derecho", el profesor italiano aborda un tema que atraviesa estas páginas: su postura sobre la naturaleza de Derecho. La primera parte la dedica a hacer un breve repaso por la historia de la ontología para enfatizar el cambio de paradigma que supuso el cambio de las especulaciones metafísicas por la epistemología, es decir, por las leyes del pensamiento del sujeto o por aquello que nos es dado conocer. Como dice el autor: "la consecuencia de tal movimiento antiesencialista es el enraizamiento del centro del ser no ya en una estructura inmediatamente traducible conceptual y racionalmente, sino en la afirmación del momento ocasional o existencial del ser, en su darse y ser y permanecer aquí y ahora. Pasamos por tanto inequívocamente de la 'esencia' a la 'existencia'". Pues bien, en ese marco, explica La Torre que el iusnaturalismo ha sido afín o proclive al "esencialismo" mientras que el positivismo jurídico, dado su carácter artificial y convencional, puede verse como una forma de "existencialismo". Sin embargo la ecuación no es tan sencilla como pudiera parecer a primera vista.

Efectivamente, aunque las versiones positivistas han operado desde el decisionismo y, por lo tanto, desde el existencialismo –paradigmáticamente H. Kelsen; o mejor todavía, las posiciones realistas en sus vertiente escandinava o norteamericana–, en la actualidad una de las propuestas más importantes, la de Joseph Raz, adolece de un fuerte esencialismo. Para que el Derecho pueda pretender la autoridad que le confiere el profesor israelí, nos dice La Torre, "es necesario en realidad tener las propiedades exigidas para ser autoridad. El Derecho, por tanto, para existir, debe poseer todas las propiedades esenciales a la autoridad". En ese vuelco esencialista se termina por negar el punto de vista interno adoptado por Hart; el de la controversia o práctica jurídica, que está atravesado innegablemente por pretensiones morales, lo que resulta fatal para la utilidad de esta teoría a juicio del profesor italiano.

La historia del institucionalismo también presenta cierta ambivalencia. Están, por supuesto, sus manifestaciones "antiguas", como las de Santi Romano, Maurice Hauriou o Carl Schmitt, a quien dedica un apartado. Pero el capítulo se centra en los trabajos de Ota Weinberger y Neil MacCormick quienes desde posiciones positivistas, y tradiciones teóricas distintas, llegan a conclusiones parecidas[10]. La Torre explica que fueron las reflexiones de Weinberger relativas a la lógica jurídica las que lo fueron acercando al institucionalismo. Y que ello fue así fundamentalmente por la necesaria dosis de normatividad que aquella precisa para sus operaciones deductivas. "La idea de institución que sitúa juntos lo normativo y lo fáctico", afirma, le ofrece una vía de salida para afirmar, y conceptualizar, el carácter dual del Derecho. En el caso de MacCormick, nos dice el italiano, fue determinante su creciente insatisfacción por el paradigma positivista y el reduccionismo o el irracionalismo en el que suelen desembocar. El profesor escocés va a operar ya con la distinción de Searle entre *"institutional facts"* y *"brute facts"*. Para MacCormick, señala nuestro autor, "el contenido o la operatividad del 'instituto', o del 'hecho institucional', viene dado por las normas de referencia, y luego por la práctica que se sirve de estas. [Y] no hay, en suma, una 'esencia' independiente de la 'existencia'".

Dos cosas más por destacar. En primer lugar, que para el profesor italiano, si bien el neoinstitucionalismo de los autores mencionados supone un salto cualitativo respecto a sus pares "antiguos", sus desa-

---

[10] En la literatura en castellano sobre el neoinstitucionalismo, ciertamente escasa, véase Francisco Javier Ansuátegui Roig. *El positivismo jurídico neoinstitucionalista. (Una aproximación)*, Madrid, Dykinson, 1996.

rrollos no son concluyentes, en el sentido de presentar teorías "completas" o "acabadas". Por el contrario, el neoinstitucionalismo se mantiene para el catedrático en la Universidad de Catanzaro todavía como un programa de investigación abierto. En segundo lugar, es de señalar que, en la contraposición tratada en su artículo, para La Torre el Derecho es "esencialmente" su práctica:

> Y el Derecho es así –concluye en el cuarto capítulo– porque es producción de Derecho, y por tanto su "esencia" se da en los términos de una 'existencia'. Lo cual sitúa fuera de juego por lo menos al positivismo jurídico 'excluyente' (el de Raz) y reenvía para la definición del concepto de Derecho a la controversia sobre el contenido de lo que es el núcleo duro, o, si se prefiere, el elemento magmático, 'caótico' ya que más profundo, o sumergido (¿el *Witz* de Wittgenstein?), de la "institución" misma o del razonamiento de los juristas y de aquellos que practican y viven el Derecho.

"Más allá de la teoría imperativista del Derecho", creo, podría ser el lema que mejor describe la producción de La Torre, y con el que podríamos cerrar este apartado. Pienso que ello es así porque en su esquema la centralidad ya no la ocupa la coerción –frente al *revival* que propone un Frederick Schauer–, como ha quedado patente; pero sobre todo, porque para él cualquier indagación satisfactoria sobre el concepto del Derecho es "interpretativa". No puede prescindir del punto de vista de la causa, del conflicto de intereses, de quienes operan con él y lo practican día tras día[11]. Situarse sin reservas con quienes ven el Derecho desde la controversia que envuelve a la práctica jurídica es su otra gran baza. Quizá los días de ejercicio profesional en el despacho familiar, promoviendo causas ante los tribunales de Mesina, tengan que ver en todo esto.

IV

Me gustaría agradecer, finalmente, al profesor Massimo La Torre la confianza depositada en mí para introducir y traducir el presente volumen. Contar con su magisterio es una de las experiencias más gratificantes en mi carrera académica que apenas comienza. Al profesor Francisco Javier Ansuátegui Roig, por su generoso apoyo desde mi etapa de estudiante de posgrado en el Instituto de Derechos Humanos "Bartolomé de las Casas" de la Universidad Carlos III de Madrid y por permitirme utilizar su traducción del capítulo cuarto. En los cuidados de esta edición he contado también con la inestimable ayuda de Alicia I. Saavedra-Bazaga,

---

[11] De hecho, el profesor LA TORRE, como ha destacado un teórico de la dimensión de LUIGI FERRAJOLI (véase, de este último, "Sobre la deontología profesional de los abogados", en C. GARCÍA PASCUAL [coord.]. *El buen jurista. Dentología del Derecho*, Valencia, Tirant lo Blanch, 2013, pp. 203 y ss.), es de los pocos iusfilósofos que no han descuidado la ética de los abogados –la deontología jurídica–, problematizando y teorizando modelos o deberes para las profesiones jurídicas.

a quien doy gracias –como siempre– por mejorar mi trabajo. Estoy en deuda, asimismo, con el profesor Carlos Bernal por su impulso para materializar el presente proyecto. No cabe duda que la dirección de la prestigiosa Serie de Teoría Jurídica y Filosofía del Derecho de la Universidad Externado de Colombia quedó en excelentes manos tras el fallecimiento del entrañable profesor Luis Villar Borda. Su contribución a la comunidad iusfilosófica a la que pertenecemos sigue siendo impagable. Mi deseo, por ello, sería que la labor realizada, en cuanto a mí concierne, resulte de alguna utilidad. Pero tal juicio corresponde ya al amable lector.

León, Guanajuato, México
Marzo de 2016

CAPÍTULO PRIMERO
CONTRA LA TRADICIÓN.
HANNAH ARENDT Y EL CONCEPTO DE DERECHO[*]

En este capítulo me propongo presentar y discutir uno de los aspectos del legado filosófico de Hannah Arendt que, en gran medida, ha sido descuidado. El asunto aquí es su concepto de Derecho en el marco más amplio de su teoría de la conducta humana y de la vida del espíritu. Una conexión puede intentarse entre su teorización del pensamiento, la voluntad y el juicio con sus ciertamente escasas pero agudas observaciones sobre la naturaleza del Derecho. Su concepto de poder (opuesto a la noción de "fuerza" y "violencia") también será tomado en cuenta y tratado como una especie de introducción a la dimensión de la experiencia jurídica, ya no vista como una cuestión de coerción o de mandatos sino como la representación de un juego, de una práctica. El Derecho para Hannah Arendt –se argumentará– no está ahí para reducir el número de oportunidades dadas a la acción humana sino, más bien, para abrir nuevas formas y áreas de conducta. Dicho brevemente: que

---

[*] Traducción de Francisco M. Mora Sifuentes.

el Derecho no es regulativo sino *constitutivo*. En este
sentido la contribución de Arendt es una crítica y
una alternativa a la tradicional teoría del Derecho
obsesionada como lo está por, y centrada en torno a,
la experiencia y el modo de la prescripción.

I. UNA FILÓSOFA SIN ADJETIVOS

A pesar de lo que a menudo dijo sobre sí misma, Hannah Arendt no sólo fue una teórica política, sino
principalmente una filósofa política o, mejor, una
filósofa sin más adjetivos. Como se sabe, aprendió filosofía con Heidegger, después con Husserl y Jaspers,
y teología con Bultmann. No pudo iniciar una carrera
académica en la Alemania de los años treinta. Por el
contrario, en 1933 tuvo que emprender un peligroso
camino como expatriada y refugiada –como paria[1]–.
Sin embargo, nunca dejo de leer, de discutir, de escribir
filosofía. Y no obstante que su fama y reconocimiento
esté especialmente vinculado a un libro político como
Los orígenes del totalitarismo, toda su producción intelectual, pienso, está rodeada por un halo filosófico o
incluso metafísico.

  Sobre la condición humana, *Sobre la revolución* y *La vida
del espíritu* (su último, incompleto y póstumo libro)
son todos trabajos que de modo directo tratan temas
que encontramos en los grandes clásicos filosóficos:

---

[1] Cfr. JUDITH N. SHKLAR. "Hannah Arendt as pariah", en *Partisan
Review*, vol. 50, 1983, pp. 64 y ss.

la noción de acción y de práctica, la cuestión de la autodeterminación, la naturaleza del pensamiento y del razonamiento. Tópicos estrictamente metafísicos como el libre albedrío, "la esencia" y el alma también son tratados eventualmente; por no hablar de sus permanentes reflexiones sobre las raíces del mal. Sabemos que fue una pensadora secular, no obstante, no evitaba a Dios y a la inmortalidad como problemas radicales para el espíritu reflexivo.

Considero, de esta forma, que es posible rastrear y delinear una metafísica en Hannah Arendt no obstante que la misma nunca se presente sistemática o explícitamente como tal. Además, esta filosofía general suya es resultado de un diálogo que mantuvo con algunos de los filósofos más relevantes de su tiempo. Por supuesto, Heidegger está presente siempre; pero ella misma difícilmente es heideggeriana[2]. Wittgenstein no le es desconocido y en muchas de sus páginas presta especial atención a la fenomenología de Merleau-Ponty. A pesar de que parece estar más atenta a los clásicos como Platón, Aristóteles, San Agustín o Kant, hablaba al mismo tiempo de sus contemporáneos. No ignoraba a Carnap o a Habermas, o a la filosofía del lenguaje ordinario de Oxford.

---

[2] Como ejemplo de la actitud de ARENDT respecto a la gran filosofía de HEIDEGGER, véase su "Prefacio" en HANNAH ARENDT. *Men in Dark Times*, New York, Harcourt, Brace & World, 1968, pp. viii-ix; cfr. PAOLO FLORES D'ARCAIS. *Hannah Arendt. Esistenza e libertà*, Roma, Donzelli, 1995, cap. 2.

Su producción –siendo muy original y, a veces, incluso idiosincrática en algunas formulaciones y en su terminología[3]– está, sin embargo, llena de reminiscencias e influencias. Hay una línea democrática libertaria o radical[4], que la relaciona, pienso, con pensadores políticos italianos tales como Andrea Caffi y Nicola Chiaromonte vía Mary McCarthy[5] y Dwight MacDonald. Y hay en su trabajo un interesante y sugestivo parecido de familia con otras dos mentes brillantes de su tiempo, ambas mujeres y filósofas. Me refiero a Simone Weil y María Zambrano. Algunos de los "motivos" de Simone Weil –estoy seguro– hacen eco claramente en más de algún ensayo escrito por Hannah Arendt: por ejemplo, la centralidad dada a la pertenencia (*enracinement*) para una vida humana

---

[3] Un punto que fue destacado, por cierto con poca simpatía, tanto por ISAIAH BERLIN (véase RAMIN JAHANBEGLOO. *Conversations with Isaiah Berlin: Recollections of an Historian of Ideas*, London, Orion, 1993, pp. 81 y ss.) como por CRAWFORD BROUGH MACPHERSON (véase *Hannah Arendt: The Recovery of the Public World*, M. A. Hill [ed.], New York, St. Martin's Press, 1979, p. 322).

[4] El modelo ideal de orden político de ARENDT –debemos recordar– es esbozado a menudo como una especie de democracia directa, una *Räterepublik*, o una república de consejos de trabajadores. Véanse, por ejemplo, las últimas páginas de su denso libro *Sobre la revolución* (Harmondsworth, Penguin, 1979, pp. 225 y ss.).

[5] MARY MCCARTHY, p. ej., habló de una reunión entre CHIAROMONTE y ARENDT en Florencia donde discutieron sus respectivos puntos de vista (véase MARY MCCARTHY. "Postface", en N. CHIAROMONTE. *The Paradox of History*, Philadelphia, University of Pennsylvania Press, 1985, p. 151).

significativa, y su repudio a la *condition ouvrière* como una dimensión hostil para la libertad. Las experiencias e intereses de Simone y Hannah son bastante parecidas. Ambas fueron educadas en el estudio de los clásicos, especialmente en la literatura y cultura de la Grecia clásica. Para ambas, el griego antiguo es el lenguaje filosófico verdadero. Ambas fueron educadas filosóficamente por carismáticos profesores que se movían en el marco del existencialismo o del idealismo: por Heidegger y Jaspers en el caso de Hannah; y por Alain en el caso de Simone.

María Zambrano comparte algunas de las mismas características, aunque, en su caso, el punto de partida no es la filosofía alemana o la francesa, sino el refinado eclecticismo de Ortega y Gasset. No obstante, las referencias fundamentales de Zambrano se encuentran en los griegos clásicos y latinos. Ella hace de la propia vida del espíritu uno de sus tópicos favoritos. Esta vez no es San Agustín sino Séneca el autor central sobre el alma[6]. En el caso de Zambrano también encontramos una apasionada defensa de la política como participación y cierta turbulencia y una aproximación a la filosofía política que no pretende evitar las cuestiones metafísicas u ontológicas. Dicho brevemente: "política, no metafísica" no podría ser un programa de investigación ya sea para Simone, o para Hannah y María.

---

[6] Véase MARÍA ZAMBRANO. *El pensamiento vivo de Séneca*, Buenos Aires, Losada, 1944.

A este trío uno tal vez debería añadir a Rachel Bespaloff, cuyo maravilloso ensayo *De l'Iliade*[7] era conocido por Hannah Arendt[8]. Su condición existencial fue de hecho cercana a la experimentada por Bespaloff (ambas eran judías, mujeres y filósofas, buscando refugio del horror que sobre ellas y el mundo pendía en la Francia de Vichy). Las sensibles observaciones de Bespaloff sobre la noción de Derecho en la *Ilíada* de Homero y en la Biblia, entre Atenas y Jerusalén, pueden haber influido en algunas reflexiones posteriores de Arendt. Particularmente, Arendt habría compartido la centralidad que Bespaloff da al Derecho, más que a la filosofía, como fundamento y garante de la ciudad, es decir, como la base para una vida común y plural sin violencia: "*Peut-être est-ce le grand legislateur, et non le philosophe, qu'il faut considerer comme l'héritier legitime de la sagesse d'Homer et le successeur d'Hector*"[9]. Con todo, Bespaloff parece relacionar el sentido y el imperio de la justicia con las necesidades de la vida[10], una pretensión a la que Arendt se opondrían firmemente.

---

[7] La primera edición por Brentano, New York (1943); nueva edición por Allia, París (2004).

[8] Véase, p. ej., la referencia de Arendt a Bespaloff en su *Men in Dark Times*, cit., p. 114.

[9] Rachel Bespaloff. *De l'Iliade*, París, Allia, 2004, p. 80 [trad.: "Quizá sea al gran legislador, y no al filósofo, a quien habría que considerar como heredero legítimo de la sabiduría de Homero y sucesor de Héctor"].

[10] Véase ibíd., p. 83.

En este trabajo, no obstante, no me propongo discutir los antecedentes o las afinidades intelectuales y políticas de Arendt. Quiero, más bien, esbozar qué posible concepto de Derecho podríamos derivar de las tesis filosóficas generales de Arendt. Me gustaría examinar qué lugar podría tener el Derecho en su "sistema". Mi argumento es que Hannah Arendt tiene, de hecho, su propio concepto de Derecho, que el mismo está relacionado con el entramado de su filosofía general y que ese concepto de Derecho es altamente original y, de algún modo, opuesto a la mayor parte de la tradición en teoría del Derecho. Incluso me atrevería a afirmar que sus puntos de vista sobre el Derecho son más estimulantes e interesantes para juristas y ciudadanos que muchas de las disputas escolásticas entre los teóricos del Derecho, como por ejemplo la famosa polémica sobre su "naturaleza" o sobre el positivismo jurídico "incluyente" o "excluyente".

II. Esquema general del pensamiento arendtiano

II.1. La condición humana: laborar, fabricar, actuar

Para entender la noción del Derecho de Arendt debemos primero intentar tener una idea comprehensiva de su pensamiento. Es por ello que estimo importante ofrecer aquí un "esquema" general de su filosofía. Tal esquema puede esbozarse brevemente por medio de tres series de triparticiones concernientes, respectivamente, a la esfera (i) de la conducta humana, (ii) del espíritu o de la mente y (iii) del poder en términos generales. La primera serie, la referida a la actividad humana, la encontramos en su libro *La condición humana*. Aquí nos enfrentamos a tres fenómenos y a sus conceptos correlativos que se ven cubriendo la totalidad de la práctica humana. Estos son bastante conocidos y son los siguientes: labor, trabajo y acción, o –para decirlo de modo distinto– el laborar o trabajar, el *producir* o fabricar, y el *hacer* o actuar.

Respecto a la *labor*, los seres humanos se comprometen y sufren para mantener y alimentar su ciclo vital. *Laborar* es lo que hace la gente para sobrevivir. Está orientado a las necesidades de la vida y es generalmente doloroso y sujeto a la necesidad. Es una actividad cuya finalidad claramente está fuera de sí. Sembrar y cosechar son instrumentales a tener alimento. El único sentido del laborar es mantener vivos los cuerpos humanos, mantener la vida de los hombres en movimiento. "Cualquier cosa que ésta produce pasa casi de inmediato a alimentar el proceso de la vida, produce –o más bien reproduce– nueva 'fuerza de labor', exigida para el posterior sostenimiento del cuerpo"[11]. El trabajo es privado y no es capaz de lograr una dimensión pública; toma y deja a los seres humanos como sujetos puramente animales, sujetos a la naturaleza y gobernados por sus necesidades y su satisfacción. La realidad que da base a la intersubjetividad, al acuerdo y a cierto grado de

---

[11] HANNAH ARENDT. *On Human Condition*, 2.ª ed., Chicago, The University of Chicago Press, 1998, p. 99.

certeza (lo que implica un elemento de estabilidad) no puede detectarse o captarse a través de un esfuerzo siempre contingente y codicioso. El saber no puede basarse en, o no puede implicar, necesidad extrema –Arendt no es una idealista hegeliana–. Una humanidad específica, por otro lado, difícilmente puede encontrarse en esa labor tan dura e incesante.

El *trabajo* es una empresa distinta. Es la producción de un artefacto que tiene una forma. Detrás del artefacto hay una idea, un modelo. Su resultado no está destinado inmediatamente al consumo. Está destinado a durar en el tiempo, a soportar su propio uso. De hecho, es para usarse, no para consumirse. Por lo tanto, no está destinado a destruirse o absorberse a través del ciclo vital de la vida. Una silla, por ejemplo, claramente es el resultado alcanzado a través del *trabajo*, no está allí para su consumo sino para su uso. No está destinada a ser devorada o digerida por alguien que la usa, es decir, por alguien que se sienta en ella. Sin embargo, este trabajo, ese *hacer*, tiene su propia finalidad una vez más fuera de sí. Se trata de una *herramienta*. Su racionalidad intrínseca, como aquella ligada al *laborar*, permanece completamente instrumental.

Un 'flautero' fabrica una flauta para un fin que no es idéntico al de su fabricación. La actividad no se mantiene a sí misma, necesita una justificación adicional y externa. Ahora, el *hacer* tiene su propia finalidad más allá del hacerse en sí mismo y es su diferencia fundamental de la acción. En la *acción*, el *hacer*, la finalidad está dentro de la propia actividad.

El flautista no persigue un fin más allá de tocar la flauta. La acción es algo que hacemos sin otro fin ulterior, por el hecho de hacerlo.

Y esto es así porque la *acción* es en algún sentido una empresa colectiva, que debe hacerse en público, que requiere de una audiencia, de personas que se reúnan y percibanjuntas. La forma más relevante de hacer, de acción en este sentido –nos dice Hannah Arendt– es la política: personas que se reúnen para actuar coordinadamente y deliberar sobre el contenido y los límites de estar juntos –que es la comunidad–. Ciertamente, Arendt podría haber suscrito la siguiente observación de Simone Weil: "*Cité, cela n'evoque pas du social*"[12]. La política desde el punto de vista de Arendt no es funcional para satisfacer, para colmar, necesidades sociales. La ciudad no es lo social –esta es la tesis principal que discute y encontramos a lo largo de su libro *Sobre la revolución*–. El hombre político no es un gestor o un administrador, además de no ser un padre o un esposo, un amo o un pastor (que era un tema de *Sobre la condición humana*). Los derechos sociales podrían ser fatales para los derechos políticos que son los únicos que realmente hacen la diferencia en una democracia. En la perspectiva de Arendt, los derechos sociales, estando como lo están sujetos a necesidades reveladas por necesidades vitales, son hostiles a los derechos políticos que están basados en

---

[12] SIMONE WEIL. *Venice sauvée*, París, Gallimard, 1968, p. 44 [trad.: "Ciudad, la que no evoca lo social"].

convenciones, no en la naturaleza; en la autodeterminación, no en la necesidad. La necesidad no conoce al
Derecho y puede disponerse para violentar cualquier
imperio de la ley.

Además, los derechos sociales, como derechos a
recibir determinados bienes mediante su distribución,
pueden garantizarse fácilmente a través de un estado
de ánimo pasivo, por así decirlo. La participación aquí
sólo puede significar tener una parte de algo que se
distribuye. Esto no implica, o no requiere de, una
participación activa en el acto mismo de entrega. Por
lo tanto, la verdadera ciudadanía no puede descansar
sobre la urgencia, sobre un diseño para satisfacer
necesidades básicas. La redistribución y la justicia
social son externas a la ciudadanía. Esta es una de
las afirmaciones más cuestionadas y controvertidas
de Arendt.

Hay otro aspecto del "hacer", de la "acción" que
Arendt subraya. En esta dimensión el ser humano
nunca sabe lo que está haciendo verdaderamente.
"Porque no saben lo que hacen" es una afirmación
de Jesús, hablando de la responsabilidad moral de
los seres humanos, y pidiendo perdón por ellos, que
Arendt recuerda a menudo. Esto es típico de la *action*;
en el *work*, e incluso en el *labor*, se sabe bastante lo
que se hace. El "trabajo" tiene detrás una "idea" del
objeto que se produce, y la "labor" está dirigida y
movida por las necesidades vitales que son evidentes
al cuerpo del ser que labora.

En la *action* sin embargo, que se da en un espacio
de libertad entre pasado y futuro, esto no sucede. El

pasado se olvida y se reniega, y del futuro no se sabe nada, es indeterminado, y por tanto tan poco manejable como si fuese el todo determinado. Lo que nos permite y nos impone las dos actividades que abren y son abiertas por la acción: el perdón y la promesa. Con la promesa vinculo el futuro, lo proyecto como determinado, y con el perdón me libero del peso del pasado y en cierta medida lo olvido[13]. Perdón y promesa —Arendt lo subraya— tienen una irremediable dimensión jurídica, ya que me hacen dueño, lo que quiere también decir, me hacen responsable de mis conductas.

II.2. LA VIDA DEL ESPÍRITU:
EL PENSAR, LA VOLUNTAD Y EL JUICIO

En el área del espíritu, del pensamiento en general, encontramos otra tripartición en el trabajo de Arendt. Esta vez se trata de la serie compuesta por: el *pensar*, la *voluntad* y el *juicio*. El *pensar* en estricto sentido —nos dice— no es equivalente a conocer. Mientras que el conocimiento es la búsqueda de la *verdad*, el pensar es una empresa intelectual mucho más general y básica. Es, más bien, una búsqueda de *significado*. Este no puede "verse" sino únicamente entenderse y comprenderse.

---

[13] Cfr. MARIE-LUISE KNOTT. *Unlearning with Hannah Arendt*, London, Granta Books, 2015, pp. 75 y ss.

Aquí Arendt se basa en la famosa distinción formulada por Kant, la que existe entre la *razón*, "*Vernunft*", y el *intelecto*, o el *entendimiento*, "*Verstand*". Mientras que el intelecto es la facultad de conocer, mediante la organización y la estructuración de datos sensibles por medio de conceptos y proposiciones, la *razón* es de alguna manera anterior o superior al intelecto en la medida en que ofrece categorías últimas, ideas y principios. El conocimiento es el resultado de una pregunta que planteamos sobre la realidad, sobre lo que "es". Ahora bien, para tener y elaborar una pregunta debemos primero concebirla y entenderla, debemos dar sentido a la pregunta en sí misma, debemos darle un significado y una finalidad (una importancia). Dicho brevemente: debemos movernos desde lo que "es" a lo que "debería ser". Y esto sólo es posible mediante una actividad mental previa, más básica y trascendental, que es el *pensar*.

El *conocer* se dirige a la realidad; el *pensar* es una abstracción de ella. Para conocer tengo que enfrentarme a la realidad, aproximarme a ella. Para pensar necesito olvidar la realidad, tomar distancia de ella, de alguna manera salir de ella. Es –para utilizar las palabras de Aristóteles– "la vida de un extraño".

Por ello, tradicionalmente la filosofía –pensando hasta el extremo– ha sido a menudo considerada como una especie de muerte; que significa, de hecho, dejar este mundo para llegar a ningún lugar, al de los pensamientos-objeto que son invisibles, que son tal vez como fantasmas a los ojos del hombre práctico. Es salir de este momento y de este lugar, "eternamente".

Es, recordando las famosas palabras de Montaigne, *"apprendre à mourir"*. En este sentido el *pensar* es distinto al *hacer*. Mientras pienso –dice Hannah Arendt– no puedo emprender una acción. Entonces me encuentro en la condición de suspender cualquier hacer, *scholé*; me encuentro de alguna manera en "ningún sitio", que luego puedo utilizar como criterio para medir y examinar la realidad, una vez que la tenga que evaluar. Luego entonces, el *pensar* es preliminar y necesario al *juzgar*. El *pensar* tiene que ver con *invisibles*, con *universales*, mientras que el juzgar tiene que ver con cosas reales, tiene como objetivo evaluar sus particularidades, sus peculiaridades, sus detalles concretos y singulares.

Cuando digo que algo está bien o está mal, estoy juzgando, pero puedo hacerlo porque previamente he pasado por un proceso de detección de datos sensibles y recreado pensamientos-objeto en mi mente. Es decir, he pasado por un proceso de abstracción de la realidad a los particulares y he meditado sobre categorías, ideas y principios. Una regla general que encuentro por medio del pensamiento, desde que precisa un esfuerzo de la imaginación, es como ver algo invisible (la regla). El juzgar es la capacidad de referir un particular, algo visible, a un universal, algo invisible –la regla general–, tanto en el caso de que tengamos un universal listo como en el caso de que no lo tengamos. Una tarea ciertamente difícil. El *juicio*, para decirlo brevemente, se requiere –citando a Hannah Arendt– ya que "no hay regla disponible para la aplicación de la regla"[14]. Se trata sin duda de una hermosa frase que encontramos repetida casi *expressis verbis* en el trabajo del segundo Wittgenstein y en una página de los *Essays in Jurisprudence and Philosophy* de Herbert Hart[15].

Por el *pensar* soy "dos-en-uno". Pienso en la medida en que discuto silenciosamente conmigo mismo. Alejado de la particular realidad del hacer, en *ningún sitio* del pensamiento abstracto, no soy más uno sino *dos*. Sin embargo esos "dos-en-uno" no son enemigos: ellos deben cultivar la amistad, puesto que, al final, van a encontrar la manera de llegar a un acuerdo. Se escuchan el uno al otro, incluso si disienten, si están en desacuerdo.

Este es ahora el punto donde radica la diferencia entre el pensamiento y la voluntad. Cuando yo deseo, soy consciente de que podría no desear. O debería decir: "quiero, pero no puedo". "Quiero" tiene sentido en la medida en que sé que está abierta para mí la posibilidad de "poder no querer". Desear o querer significa estar "en un desacuerdo contigo mismo"[16]. El yo de la *voluntad* es nuevamente un "dos-en-uno", pero esta vez los "dos" que experimento dentro de mí son rivales. No se dan razones el uno al otro; no tienen

---

[14] HANNAH ARENDT. *The Life of the Mind*, vol. 1, Mary McCarthy (ed.), New York, Harcourt Brace & Company, 1978, p. 69.

[15] HERBERT L. A. HART. *Essays in Jurisprudence and Philosophy*, Oxford, Oxford University Press, 1983, p. 106.

[16] HANNAH ARENDT. *The Life of the Mind*, vol. 2, Mary McCarthy (ed.), New York, Harcourt Brace & Company, 1978, p. 83.

el objetivo de alcanzar un acuerdo o entendimiento. No están preparados para escuchar al oponente, lo que quieren, en su lugar, es superar al otro, ganarle, doblegarlo. Su finalidad es completa, la victoria final del uno sobre el otro: la rendición del otro. Yo deseo, en la medida en que supero al otro dentro de mí mismo, otro que no completa el proceso de desear y resistir. A través de la voluntad me auto-afirmo en la medida en que estoy en ese momento particular, contingente, del tiempo. No me olvido de mí mismo en absoluto; no me abstraigo de mi ser para encontrarme como un "dos-en-uno". "Esta esclavitud con respecto al ser –escribe Arendt– distingue el yo-volitivo del yo-pensante que también continúa entre yo y mi ser, pero en cuyo diálogo el ser no es el objeto de la actividad del pensamiento"[17]. A través de la actividad de decidir finalmente se demuestra que yo soy de nuevo uno y solamente uno. "El mismo ser al que la actividad de pensamiento ignora en sus retiradas del mundo de las apariencias, se afirma y se garantiza a través de la reflexividad de la voluntad"[18]. Ahora estoy completamente presente conmigo sin ese doble fastidioso. Soy el que quiere y sólo lo que este quiere.

El *pensar*, para decirlo brevemente, es una especie de *diálogo*, en algún sentido una experiencia de "amistad", amistad –para utilizar la imagen de Aristóteles–

---

[17] HANNAH ARENDT. *Between Past and Future*, London, Penguin, 2006, p. 161.
[18] ARENDT. *The Life of the Mind*, vol. 2, cit., p. 195.

con el otro yo que está dentro de uno mismo. La *voluntad* es una disputa, un conflicto, una *lucha*; aquí no hay amistad involucrada. Tiene lugar en "la lucha interna entre lo que podría hacer y lo que hago"[19]. Es una "discusión acalorada", utilizando las palabras de San Agustín. Además, mediante la voluntad corto el hilo causal –digamos– que conecta un hecho con otro en una suerte de cadena genealógica, la gran cadena de hierro del ser. La voluntad trata con cosas que son "accidentales", que pueden ser o pueden no ser (necesariamente). Tiene que ver con "proyectos", no con objetos. Es "nuestro órgano mental para el futuro"[20]; mientras que "la actividad de pensar puede entenderse como una suerte de lucha contra el tiempo en sí"[21], producir el presente real sólo podemos alcanzarlo entre el pasado y el futuro.

Esto hace que nuestros respectivos estados de ánimo sean diferentes. El pensar es una especie de situación *nunc stans*, un tiempo extraño entre el pasado y el futuro, que nos ofrece serenidad; mientras que el estado de ánimo del desear es impaciente, preocupante, falto de sosiego, lleno de *Sorge*. Siempre con la mirada puesta en lo que será. De hecho, el desear tiene que ver con nuestro futuro que no puede anticiparse y que nos preocupa en su forma indescifrable actual. Quiero, pero nunca estoy seguro de que puedo

---

[19] ARENDT. *Between Past and Future*, cit., p. 155.
[20] ARENDT. *The Life of the Mind*, vol. 2, cit., p. 13.
[21] ARENDT. *The Life of the Mind*, vol. 1, cit., p. 206.

y lo haré. Por el *pensar* no hay de qué preocuparse: si pienso, puedo pensar y puedo hacerlo de hecho pensamiento, y ello no es nada más que debo intentar conseguirlo. Pensar –de esta manera– parece sustraernos a la preocupación, *Sorge*, que es –dice Heidegger– la modalidad de ser del *Dasein*, del ser humano.

La *voluntad* no tiene genealogía, no tolera ninguna; es un comienzo en sí mismo. El querer aunque puede derivarse del deseo no puede hacerlo del intelecto o de la razón. Es una suerte de salto a la realidad, una novedad de alguna forma inexplicable; es la manifestación misma de la libertad. No es que no haya ninguna ley que deba obedecer, sino que, más aún, no está obligado por el principio de no-contradicción, que sí restringe el *pensar*. Arendt enfatiza mucho este punto y en algún sentido lo dramatiza. La rareza ontológica de la *voluntad* es explicada en términos de una cierta especie de "estado de excepción" ontológico, un golpe de estado en la de otra manera conservadora y repetitiva cadena del ser. "Por lo que respecta al deseo, por un lado, y a la razón, por otro –escribió–, el querer actúa como un '*coup d'état*', como en alguna ocasión dijo Bergson, y ello supone, por supuesto, que los actos libres son excepcionales"[22].

Puede decirse entonces que la noción de voluntad de Hannah Arendt es fuertemente decisionista, la manifestación, la epifanía, del "estado de excepción",

[22] HANNAH ARENDT. *Lectures on Kant's Political Philosophy*, R. Beiner (ed.), Chicago, The University of Chicago Press, 1989, p. 3.

del *Ausnahmezustand*[23]. Es completamente soberana, en el sentido romántico del término. No se necesita justificación alguna para ella. Es un comienzo absoluto. El *pensamiento* y el *juicio*, por el contrario, no tienen esta fuerte implicación ontológica y "excepcionalista". Incluso podrían pensarse como indiferentes hacia el *liberum arbitrium*, o bien como posibles alternativas a su radicalismo.

El pensamiento lidia con invisibles, con "universales", y se mantiene completamente invisible hasta el final. No hay manifestación externa de él, "no aparece", mientras que el juicio se relaciona con "particulares", con casos visibles o con situaciones que son cualificadas intersubjetiva y públicamente. En todo caso, el pensamiento prepara el camino al juicio; de modo similar a como la conciencia es preliminar al conocimiento. El pensamiento prepara y produce los universales que el juicio está llamado a encontrar y a aplicar. En este sentido el juicio es el momento visible y público del pensamiento, esto es, una dimensión en la que de alguna manera el pensamiento está finalmente confrontado con una pluralidad de pensadores. "La manifestación del viento del pensamiento no es el conocimiento; sino la habilidad de distinguir el bien del mal, lo bello de lo feo"[24]. Esto implica que el pensamiento no está completamente

---

[23] Cfr. Suzane Jacobitti. "Hannah Arendt and the Will", en *Political Theory*, vol. 16, 1988, pp. 53 y ss.
[24] Arendt. *The Life of the Mind*, vol. 1, cit., p. 193.

separado de la acción, que no es sino una forma alternativa de posible "buena vida", *vita contemplativa*
contra *vita activa*. El actuar tiene lugar en un contexto
de pluralidad de mentes y sujetos que juzgan, que
están preparados para este tipo de actividad, esto es,
preparados para juzgar a través de su pensamiento.

II.3. DEL PODER EN GENERAL: KRAFT, MACHT, GEWALT

Finalmente, hay una tercera tripartición de Arendt
referida al poder en general. En su trabajo la primera
y más simple noción de poder es la de "resistencia" o
fuerza, "*Kraft*" en alemán. Este es poder individual,
el que uno puede utilizar para doblegar la voluntad
de un oponente en una relación intersubjetiva o para
modificar la forma o detener el movimiento de un
objeto. "La *fuerza* –escribe Arendt– inequívocamente
designa algo en singular, una entidad individual; es
la propiedad inherente a un objeto o persona y pertenece a su carácter, que puede ponerse a prueba a sí
mismo en relación con otras cosas o personas, pero es
esencialmente independiente de ellos"[25]. No hay aquí
capacidad de relacionarse. Tener fuerza no implica
ninguna necesidad de una comunidad de comportamiento; no se desprende de una coordinación, sino
de la naturaleza de la persona como tal.

---

[25] HANNAH ARENDT. *Crises of the Republic*, Harmondsworth, Penguin, 1972, p. 113.

La segunda noción de poder en Arendt es la noción de "poder" en sentido propio, "*Macht*", que conceptualiza como capacidad de actuar conjuntamente. "El *poder* –escribe– corresponde a la habilidad no sólo de actuar sino de actuar conjuntamente. El poder nunca es una propiedad de un individuo, sino que pertenece a un grupo y sigue existiendo sólo mientras el grupo se mantiene unido"[26]. El poder político es la expresión paradigmática del *Macht*. El poder surge de la coordinación y el concierto, es el resultado del compromiso mutuo de las personas. *Fuerza* tendremos en todo caso, ya que está conectada a la vida misma de cualquier ser humano; pero el *poder* requiere condiciones especiales: un acuerdo, promesas, consentimiento, una idea de empresa colectiva y, por ello, reglas convencionales. "A diferencia de la fuerza, que es el don y el poder de cada uno en su aislamiento contra todos los demás, el poder surge cuando, y sólo si, los hombres se unen con la finalidad de actuar, y desaparecerá cuando, por la razón que fuese, se dispersen o se abandonen los unos a los otros"[27]. El poder tiene un efecto constitutivo, desde el momento en que produce un esquema y un ámbito nuevo para el comportamiento humano. La *fuerza* es estéril, el *poder* es creativo en cuanto tiene la facultad de abrir nuevas perspectivas en el ámbito de la acción humana. En el *poder* hay "un elemento de construcción

---

[26] Ibíd.
[27] HANNAH ARENDT. *On Revolution*, New York, Viking, 1963, p. 175.

del mundo"[28]. Así, en una contienda entre "fuerza" y "poder", el poder siempre toma la delantera. La primera tenderá a sucumbir: "la fuerza nunca será lo suficientemente grande como para suplantar al poder"[29]. Sin embargo, el poder es también fuerza o resistencia considerado desde un punto de vista externo, desde una perspectiva empírica.

Finalmente, tenemos la noción de "violencia", "*Gewalt*", que es cercana a la de "fuerza", siendo un suplemento o un sucedáneo de ella. Pero este tipo de poder en general es, de hecho, una disrupción del poder en sentido propio, esto es, del *Macht*, del poder de actuar conjuntamente. En su *Denktagebuch*[30] Arendt escribe: "lo opuesto de la violencia no es la ausencia de violencia sino el poder". El poder es comunicativo, discursivo; la *violencia*, por supuesto, no lo es, y ello se ve reflejado en sus respectivas racionalidades. "La violencia […] –nos dice– se distingue por su carácter instrumental"[31]. Esto es dominación, la regulación que no es regulada, que sólo puede ser estrictamente instrumental o –utilizando la terminología de Jürgen Habermas– algo estratégico. Para la *violencia* todos los individuos son medios; ellos nunca son compañeros. Aquí mueves a la gente forzándola, pero tú no te mueves con ellos. Empujas, pero no eres empujado.

---

[28] Ibíd.

[29] ARENDT. *Men in Dark Times*, cit., p. 23.

[30] HANNAH ARENDT. *Denktagebuch*, vol. 2, U. Ludz y I. Nordmann (eds.), München, Piper, 2002, p. 698.

[31] ARENDT. *Crises of the Republic*, cit., p. 115.

De tal forma que podríamos decir que la metáfora
de la violencia es la de un "movedor inmóvil", *motor
immobilis, causa non causata*.

La violencia es extremadamente costosa en términos de la energía que conlleva, y no puede alcanzar
la finalidad de fundamentar un orden político. "El
poder y la violencia son opuestos; cuando uno gobierna de manera absoluta, el otro está ausente […].
La violencia puede destruir el poder; es sumamente
incapaz de crearlo"[32]. La estabilidad y la legitimidad, o la "autoridad" –en términos de Arendt– que
acompaña a la estabilidad, son prerrequisitos de un
orden político, del *Macht*. Ahora bien, la estabilidad
puede producirse sólo mediante la actuación, hacer
la existencia de una esfera pública común entre una
pluralidad de personas. La *violencia* no triunfa sobre
la pluralidad, sólo puede suprimirla haciendo que la
libertad individual sea superflua. La *violencia* actúa
contra la pluralidad que del *poder*, del *Macht*, florece.
La violencia la enfrentamos, la sobrellevamos, como
un evento de la naturaleza; el poder lo experimenta-
mos y lo practicamos, por el contrario, en el dominio
de una realidad convencional, una nueva dimensión
ontológica, una vez que nos dan un ámbito común
de acción a través del compromiso mutuo, a través
de promesas. La *violencia* la padecemos, el *Macht*
lo disfrutamos. La violencia pertenece al modo del
fabricar; el poder es un *hacer*.

---

[32] Ibíd., p. 125.

La violencia no sólo destruye al poder sino también al Derecho y a la comunicación que lo alimenta. Los discursos se detienen; es el silencio el que gana. "Cuando la violencia prima absolutamente, como por ejemplo ocurre en los campos de concentración de los regímenes totalitarios, no sólo las leyes guardan silencio –*les lois se taisent*, como se dijo en la Revolución Francesa–, sino que todo y todos deben callar"[33]. A través de la violencia obtenemos no sólo ausencia de Derecho sino también desarraigo; nuestro compromiso y fidelidad no cuentan, devienen absurdos. A través del poder, por el contrario, se nos da la oportunidad de *echar raíces* –para usar una expresión apreciada por Simone Weil–, desde el momento en que tenemos una participación y nos comprometemos con él y se nos pide que lo compartamos.

III. Hannah Arendt y el concepto de Derecho

Ahora bien, ¿qué es lo que hace que el Derecho encaje en este esquema general?, ¿qué papel juega el Derecho en él? Aquí sólo puedo esbozar una respuesta. Me limitaré a enumerar algunas implicaciones de las ideas de Hannah Arendt para el concepto de Derecho. La primera implicación es la siguiente.

En el esquema que Arendt nos ofrece de la vida del espíritu –de la mente–, el lenguaje no puede considerarse más como básicamente descriptivo o, en otras

---

[33] Arendt. *On Revolution*, cit., p. 18.

palabras, orientado a la verdad y al conocimiento. El lenguaje que aprendemos y recibimos en forma de *discurso*, y el discurso, no puede explicarse o disfrutarse como la suma de esquemas de actos más unas pocas exclamaciones, sean expresiones de sentimiento, de placer o de dolor[34]. El lenguaje en su núcleo no es ni pictórico, ni expresivo ni emotivo.

Para Hannah Arendt, el lenguaje está orientado al significado, al *sentido*, y esa es su diferencia con la verdad, siendo, incluso, previo a ella. El *sentido* –no la verdad– será el criterio para evaluar la validez de las sentencias y emisiones lingüísticas. Esa centralidad del sentido, como desconectada de la verdad, hace posible que se les dé un completo reconocimiento a todas aquellas formas del lenguaje no orientadas al conocimiento. Si el lenguaje en general ya no es paradigmáticamente cognitivo, sino más bien imaginativo, o normativo en un sentido amplio, lidia con "universales" o "invisibles", el lenguaje del Derecho –que claramente está lejos de tener una función descriptiva o cognitiva– cobrará significado pleno por méritos propios. El lenguaje jurídico y las reglas no serán menos racionales que la mayor parte del lenguaje ordinario.

Por lo tanto, en la perspectiva de Arendt, el Derecho no será visto como un dominio irracional o emotivo de la experiencia humana. Puede tratarse tanto cognitivamente como racionalmente tal y como otras

---

[34] Véase Arendt. *Men in Dark Times*, cit., pp. 15-16.

formas de lenguaje o discurso. Además, si el Derecho no es cognitivo, pero a la vez es significativo y basado en principios, y estimamos que el significado es de alguna manera previo a la verdad, en la medida en que le da a esta su sentido y principios –tal parece ser el punto de vista de Arendt–, no deberíamos caer en la tentación de adoptar una visión del Derecho de corte imperativista. Es decir, debemos ser libres para negar que el Derecho es descriptivo *y prescriptivo* (prescripción considerada, en un paradigma cognitivista del lenguaje, como la única alternativa seria a la descripción), y todavía ser capaces de mantener que el Derecho está dotado de pleno sentido.

Entonces, dentro de la semántica de Arendt el hecho de que el Derecho no es cognitivo no lo empuja al dominio de las emociones, de la voluntad, de las prescripciones e imperativos. El pensamiento y el juicio en su teoría de la vida del espíritu están separados tanto del conocimiento como de la voluntad.

Ahora bien, la conclusión de que el Derecho no es imperativo es esbozada por la propia Hannah Arendt. Para ella el Derecho no es una práctica o un dispositivo cuya finalidad sea restringir o reducir la pluralidad de la conducta humana. En *La condición humana* el lugar del Derecho está dentro de la *acción* y sirve para dar una estabilidad institucional al poder en sentido propio, al *Macht*. El *Derecho* es una especie de "muros" para el *poder*. "Así como una ciudad –escribe– sólo puede nacer físicamente después de que sus habitantes hayan construido un muro alrededor, así la vida política de los ciudadanos […] podría empezar sólo una vez que el Derecho haya sido establecido y asumido"[35]. El Derecho es una especie de cerco[36] que cualifica un espacio como campo de juego. La conducta humana no está necesariamente constreñida o limitada mediante el Derecho. Por el contrario, el Derecho es algo cuya función y efectos es principalmente incrementar el ámbito de los cursos de acción posibles.

Permítaseme citar su ensayo *Sobre la violencia*, donde establece una especie de definición que me parece digna de ser mencionada. El punto de las normas jurídicas –escribe– "no es que me someta a ellas voluntariamente o que reconozca teóricamente su validez, sino que en la práctica no puedo entrar en el juego (del Derecho) a menos que me ajuste a ellas; mi motivo para aceptarlas es mi deseo de ingresar en ese juego, y en la medida en que el hombre sólo existe entre hombres, mi deseo de jugar es idéntico a mi deseo de vivir"[37]. *Inter homines esse*, vivir y estar entre seres humanos es equivalente –recuerda– a una vida plena. No tenemos otro camino. Y el Derecho nos ofrece el ámbito donde desarrollar nuestra capacidad de relacionarnos (*relationality*), haciendo que nuestra vida humana sea lo que es.

Es por esto que "el conocido dilema: o bien el Derecho es absolutamente válido [...], o bien el Derecho es simplemente un mandato sin nada detrás más que

---

[35] HANNAH ARENDT. "The Great Tradition I. Law and Power", en *Social Research*, vol. 74, 2007, p. 717.

[36] Véase ARENDT. *Men in Dark Times*, cit., pp. 81-82.

[37] ARENDT. *Crises of the Republic*, cit., p. 157.

el monopolio de la violencia estatal, es una falsa ilusión. Todas las leyes –concluye– son 'directivas' más que 'imperativas'. Dirigen la interacción humana de la misma manera que las reglas dirigen el juego"[38]. Resumiendo: el Derecho es la estructura de la *acción* en su forma paradigmática de poder común, de *Macht*. Y la fuerza vinculante y validez del Derecho no se derivan de la violencia o de las sanciones, o de la amenaza de un mal, ni tampoco –y esto debe tenerse presente– de la moralidad, sino de la realidad de actuar en concierto y del compromiso mutuo a que esta realidad remite.

De hecho, Hannah Arendt anticipa gran parte del neoinstitucionalismo jurídico contemporáneo para el cual no son los mandatos o las prescripciones el estado o las "piezas básicas" de las normas jurídicas, sino más bien las instituciones, asimilándolas con una especie de juegos (serios), o áreas en las cuales ejecutar y desarrollar acciones[39]. El Derecho para ella no era una práctica o constructo que tenga que ver con la restricción o reducción de la pluralidad de la conducta humana. La fuerza vinculante del Derecho viene dada por medio del modo de autoridad; de

---

[38] Ibíd.

[39] Para una revisión de los puntos de vista del neoinstitucionalismo jurídico, permítaseme una referencia a mi trabajo: *Law as Institution*, Dordrecht, Springer, 2010, cap. IV; así como: "Ota Weinberger, Neil MacCormick e il neoistituzionalismo giuridico", en *Filosofi del diritto contemporanei*, G. Zanetti (ed.), Milano, Cortina, 1999, pp. 1 y ss.

hecho, "autoridad implica una obediencia en la que los hombres mantienen su libertad"[40]. La conducta humana no está principalmente constreñida o limitada mediante el Derecho.

Por el contrario, el Derecho, antes que cualquier otra cosa, es algo cuya función y efectos es incrementar el ámbito de posibles cursos de comportamiento. Es posible concebir el Derecho como una empresa coercitiva y represiva, si la miramos desde el punto de vista del Derecho penal. Pero el Derecho penal es una pieza de un rompecabezas más grande, cuyo marco es establecido por reglas que no son "imperativos" (como usualmente sí lo son las reglas penales), más bien son –por utilizar la terminología de Arendt– "directivas". Para llegar a esta conclusión, Hannah Arendt basa su argumento en las observaciones que Alessandro Passerin d'Entrèves hace en su libro *The Notion of the State*[41].

Passerin d'Entrèves –un filósofo del Derecho italiano, viejo amigo de Norberto Bobbio y colega de Herbert Hart en la Universidad de Oxford–, para explicar el Derecho, se refería a la práctica de un juego. En un juego las reglas se siguen como válidas, aunque no son coercitivas ni respaldas por algún tipo de castigo. La gente se atiene a ellas voluntariamente. Passerin d'Entrèves, para decirlo brevemente, da por hecho

---

[40] ARENDT. *Between Past and Future*, cit., p. 105.
[41] Oxford, Oxford University Press, 1967. Véase el original italiano: *La dottrina dello Stato*, 2.ª ed., Torino, Giappichelli, 1967, p. 187.

que la mayoría de las normas jurídicas son vinculantes independientemente de su posible sanción. Enfatiza el elemento de adhesión espontánea sobre el que descansan.

En la conceptualización de la dicotomía "directivas" *versus* "imperativos", Arendt va mucho más allá. Remodela el carácter no-coercitivo de varias normas jurídicas no tanto en términos de espontaneidad, sino dirigiendo su atención a las características lógicas y ontológicas de las reglas en cuestión. En un juego las reglas no sólo son regulativas o imperativas, en el sentido de que las reglas del juego son básicamente constitutivas, reglas que sirven para hacer que el juego sea posible y practicable, como una esfera especial de conducta. Sin las reglas de ajedrez no hay ajedrez; en cambio, sin reglas de Derecho penal no habría tipo penal de homicidio, y sin embargo infortunadamente seguiría habiendo homicidios entre los seres humanos, y este seguiría siendo un mal. Hannah Arendt toma de Passerin d'Entrèves la idea de asimilar el Derecho a los juegos y la radicaliza. "Pienso –escribe en su ensayo *Sobre la violencia*– que la comparación de Passerin d'Entrèves del Derecho con las reglas válidas del juego puede llevarse más lejos. La cuestión de estas reglas no es que me someta a ellas voluntariamente o que reconozca teóricamente su validez, sino que en la práctica no puedo entrar en el juego a menos que me ajuste a ellas"[42].

---

[42] Arendt. *Crises of the Republic*, cit., p. 157.

Arendt, en definitiva, propone una nueva formulación de la distinción de John Searle entre "reglas regulativas" y "reglas constitutivas", presentada por el filósofo americano en su libro *Speech Acts*[43], sin ser consciente –sospecho– de tal distinción. Y hace de la misma un momento fundamental en su concepto de Derecho.

La reconceptualización del Derecho en términos de "directivas" o –para utilizar la terminología de John Searle– de "reglas constitutivas", tiene consecuencias revolucionarias para toda la teoría del Derecho. Una primera consecuencia es una idea distinta de en qué consiste la obligatoriedad de una provisión jurídica. En la doctrina jurídica tradicional, la fuerza vinculante de las reglas, o si se prefiere, su normatividad, se basa en una regla que está respaldada por una sanción, una sanción que es un mal, un mal que se amenaza en caso de violación de la regla. Aquí el modo de producción de una norma es el mandato. Un mandato es una voluntad que está dirigida al cumplimiento, que debe devenir necesaria, y para que llegue a ser necesaria está respaldada por coerción o violencia, que es el mal que se inflige al sujeto que es propenso a no cumplir la regla. Por lo tanto, para tener una sanción necesitamos tener un mandato previo, y un mandato implica un mandatario dotado de la fuerza

---

[43] JOHN SEARLE. *Speech Acts*, Cambridge, Cambridge University Press, 1967.

necesaria para doblegar la voluntad de la gente dirigida por sus órdenes. Un mandato es el privilegio de
un superior; una regla es el destino de un inferior.
Este es el esquema tradicional del Derecho. Algunas
veces, a este esquema, específicamente a la emisión
de mandatos y a la ejecución de actos coercitivos
para hacerlos efectivos, los teóricos del Derecho pi-
den una justificación moral adicional para afirmar
la normatividad de esos mandatos. Los mandatos y
la violencia deberían por tanto acompañarse de un
modelo de justificación moral. Ese esquema, en todo
caso, no cambia la ontología de la situación mandato-
obediencia; este únicamente puede colorearlo con
alguna mezcla de moralidad. El deber, y su correspondiente obligatoriedad, sería la combinación de
poder más justificación moral.

Con bastante frecuencia la teoría del Derecho añade que el poder, como una situación fáctica, también
puede producir normatividad, bien a través de un
tipo de unidad dinámica ontológica (*die normative
Kraft des Faktischen*, la fuerza normativa de lo fáctico,
de Georg Jellinek), o bien en la medida en que sus
operaciones son normalmente morales como tales
(el Derecho como requerido por, e instrumental a,
el bien común). La autoridad fáctica, entonces –dice
por ejemplo John Finnis, un iusnaturalista contemporáneo–, disfruta de una legitimidad moral en la
medida en que es efectiva, ya que sólo a través de la
autoridad efectiva (del mandato) podemos organizar
la sociedad e implementar algún bien común. Este es,

quizás, "un principio escandalosamente rígido"[44], tal y como él mismo admite; pero no tenemos alternativa. O más bien, hay una alternativa: la anarquía, pero sería perjudicial para cualquier forma de bien común entre los seres humanos. Opuesta es la perspectiva de aquellos iusfilósofos que dan al Derecho sólo y toda aquella validez que le derive de su conformidad a la moral, así que la normatividad jurídica pierde su propia especificidad y razón de ser, y se presenta más que nada como *una forma* o *la forma* de la normatividad moral.

Sin embargo, una vez que consideramos que las normas jurídicas no son imperativos, es decir, no son mandatos sino que, en su lugar, son "directivas", una especie de reglas de juego, reglas constitutivas, reglas que no imponen obligaciones, pero que por ejemplo adscriben poderes (p. ej., reglas secundarias en la terminología de H. L. A. Hart) o definen situaciones que les dan especial sentido o valor, o reglas que cualifican situaciones, de modo tal que X debería ser para Y, entonces debemos reconocer que –y esta es otra vez una cita de *Sobre la violencia* de Arendt– "la sanción de las normas […] no son su esencia"[45]. Podemos recordar que Hans Kelsen, quizá el teórico del Derecho positivista más importante, dijo justo lo contrario, y afirmó que las sanciones son su principal

---

[44] John Finnis. *Natural Law and Natural Rights*, Oxford, Clarendon, 1980, p. 250.

[45] Arendt. *Crises of the Republic*, cit., p. 156.

preocupación, que, en efecto, son el preciso objeto intencional de las normas jurídicas[46].

Pero si las normas jurídicas no siempre ni conceptualmente tienen por objeto las sanciones, o lo que es más, no están necesariamente respaldadas por sanciones, ¿en qué se basa su normatividad? La respuesta que Arendt da a esta cuestión es diferente de la que normalmente da la teoría del Derecho tradicional, la cual, cuando la normatividad ya no se conceptualiza basada en la fuerza, hace referencia a una obligación política o moral especial que puede o no ser intrínseca a la forma del Derecho. La normatividad del Derecho debería ser equivalente entonces a la legitimidad o justificación política o moral de las leyes.

Sin embargo, para Hannah Arendt una obligación política o moral es una especie de sinsentido. Y lo es porque una obligación política o moral debería ser confirmada por un ejercicio de pensamiento. Ahora bien, *el pensar* es una empresa que, aunque tiene que ver con invisibles, con universales, es puntual, contingente. El *pensar* comienza cada vez desde el principio. Los precedentes no son vinculantes aquí, y no hay reglas positivas a las que no pueda renunciarse. Este dominio no admite ninguna razón excluyente. El *pensar* no acepta las conclusiones de otro, ni alcanza conclusiones por sí mismo que no puedan derrotarse a través de un ejercicio más reflexivo del pensamiento.

---

[46] Véase, p. ej., Hans Kelsen. *Reine Rechtslehre*, al cuidado de Matthias Jestaedt, Tübingen, Mohr Siebeck, 2008, pp. 37-38.

Esta es, en efecto, la fuerza de la conciencia, por ello la perversidad puede reconducirse a la falta de pensamiento. La irreflexividad puede llevarnos a un comportamiento inmoral, o incluso maligno. El mal radical, puede decirse, es una negación de las condiciones necesarias tanto del "pensamiento" como de la "acción": va contra el "pensamiento", porque es irreflexivo; va contra la "acción", porque es hostil a la pluralidad y a la novedad.

El mal radical es una forma extrema de irreflexividad. Una expresión de ello, y además una de las más peligrosas y llenas de terribles consecuencias, son las órdenes y los mandatos, en los que no cabe la capacidad de discutir con uno mismo, en ese "dos-en-uno" que es el *pensamiento*. De hecho, el pensar tiende a cuestionar cualquier cosa con la que se enfrente. "El pensamiento tiene, inevitablemente, un efecto que va minando y destruyendo todos los criterios y valores establecidos del bien y del mal; o, para decirlo brevemente, tiene un efecto destructivo sobre aquellas costumbres y reglas con las que tratamos en ética y moral"[47]. El *pensamiento* tiene un rasgo, un carácter subversivo que es intrínseco a la conciencia; de alguna manera, ese carácter, sin embargo, hace que la conciencia sea peligrosa y fatal para el Derecho. El Derecho necesita de una estabilidad y una fiabilidad en su propia fuerza vinculante que la justificación moral, en la medida en que está vinculada al pensa-

---

[47] Arendt. *The Life of the Mind*, vol. 1, cit., p. 175.

miento, parece incapaz de ofrecer. Es más, cuando pensamos, de alguna manera estamos en "ningún lugar", renegamos de cualquier pertenencia, mientras que el Derecho se refiere a un lugar especial que marca una diferencia para nosotros y por lo tanto puede proporcionarnos un sentido de pertenencia. A través del pensamiento somos vagabundos. "La ubicuidad del ego pensante está [...] en la *nada*"[48].

La normatividad especial y estable del Derecho viene dada por su especial naturaleza "constitutiva". El Derecho de alguna manera crea, "constituye" una nueva realidad, la "ciudad", una "casa", así que si nos aferramos a tal realidad, si tenemos la intención de ser un "ciudadano", es decir, de actuar dentro de la nueva realidad, debemos seguir ese Derecho, o mejor, hacer uso de él, emplearlo. "Mi motivo para la aceptación –dice Arendt– es mi deseo de jugar. Y ya que el hombre existe sólo entre los hombres, mi deseo de jugar es idéntico a mi deseo de vivir. Todo hombre nace en una comunidad con leyes preexistentes que 'obedece' sobre todo porque no hay otra manera de que entre en el gran juego del mundo"[49]. Es precisamente porque tememos convertirnos en personas sin hogar, en "parias", por lo que somos respetuosos del Derecho.

Sin embargo, uno no debe malinterpretar la manera especial de obediencia y del seguimiento de reglas.

---

[48] Ibíd., p. 200.
[49] Arendt. *Crises of the Republic*, cit., p. 157.

Se trata, simplemente, de la evaluación y reconocimiento de un punto de vista particular, de una ontología social y de una forma de vida, como una actitud proactiva de apoyo o consentimiento[50]. Tal interpretación de la noción de fuerza vinculante del Derecho es engañosa, ya que ignora el carácter objetivo de la validez del Derecho. No se basa en la opinión o deseo de nadie, sino en el claro hecho de que la acción de alguien se conforma a un esquema que podría no estar disponible, si ciertas reglas no se siguen o utilizan. El apoyo de tales reglas aquí viene sólo dado implícitamente a través del actuar de conformidad con tales reglas. Aquí, por consiguiente, uno puede confrontarse incluso con implicaciones no deseadas e inesperadas del propio actuar.

Anteriormente consideramos la tripartición de las formas en que la mente se compromete: *pensamiento*, *voluntad* y *juicio*. Ahora, ¿cuál de estas tres formas es la que mejor se relaciona con el razonamiento jurídico? Creo que ha lugar a pocas dudas: es el *juicio*. El pensamiento es demasiado abstracto e inestable; no ocurre en terreno humano sino en 'ningún lugar', en la nada de las entidades invisibles, de conceptos, de universales, lejos de los demás y de la realidad del sentido común. El Derecho, sin embargo, está incorporado en la realidad; funda realidades. Para

---

[50] Esta es la interpretación que, por ejemplo, hace Bikhu Parekh. Véase Bikhu Parekh. *Hannah Arendt and the search for a new Political Philosophy*, London, Macmillan, 1981, p. 167.

el juicio debe haber un punto de partida, o al menos una base de la que partir, y el Derecho se ofrece a sí mismo como esa base o punto de partida. El pensamiento, por el contrario, disuelve cualquier base que se le ofrezca. "El pensamiento siempre debe comenzar de nuevo"[51], lo cual sería demasiado para que el Derecho pueda soportarlo, pues haría imposible que las normas jurídicas cumplieran con su cometido. El pensamiento es, en efecto, de alguna manera hostil a las reglas generales. Cuando se piensa, "si lo que estás haciendo consiste en la aplicación de reglas generales de conducta a casos particulares que surgen en la vida diaria, te verás paralizado porque ninguna de tales normas es capaz de soportar la ráfaga del pensamiento"[52].

Para Hannah Arendt las leyes, las reglas jurídicas, son "ideas" en términos de "causas", no de "esencias" de la realidad humana[53], de esa realidad que se da entre los seres humanos en el espacio que abre su pluralidad. De ahí que el Derecho no puede arreglárselas sin el sentido común, el sexto sentido –dice Arendt– que conecta los otros cinco con el contexto del ser. El sentido común es un sentido del ser que es preliminar a la experiencia empírica concreta. Es una especie de precomprensión de la realidad, y realmente lo necesitamos en el Derecho, ya que este, a

---

[51] ARENDT. *The Life of the Mind*, vol. 1, cit., p. 178.
[52] Ibíd., p. 175.
[53] HANNAH ARENDT. *Denktagebuch*, vol. 1, U. Ludz y I. Nordmann (eds.), München, Piper, 2002, p. 465.

diferencia de la moralidad, tiene un contexto, un tiempo y descansa sobre la efectividad.

IV. CONTRA LA TRADICIÓN:
EL CARÁCTER CONSTITUTIVO DEL DERECHO

Tradicionalmente es la voluntad, la decisión, la que se considera que ofrece una base fenomenológica para el Derecho. El Derecho es mandato, es prescripción, es discreción –esto es lo que las Facultades de Derecho y la tradición nos enseñan. La voluntad consiste en una práctica de mandatos y obediencia. *Yo deseo* en la medida en que encuentro resistencia en la intención que estoy expresando. Hay deseo si puede haber una oposición, la "discusión acalorada" de San Agustín. Quien decide se relaciona con algún oponente. De alguna manera es la dinámica hegeliana de un amo midiéndose y probándose con un esclavo. Las decisiones, la *voluntad*, encajará muy bien en el esquema del Derecho considerado como series de mandatos, de imperativos. Pero si el Derecho es remodelado como conformado principalmente por "directivas" (como dice Passerin d'Entrèves), por reglas que abren, no cierran, que incrementan, no reducen, los cursos de acción, que añaden, y no borran el número de oportunidades y de encrucijadas a lo largo de nuestro camino, lo que necesitamos y a lo que debemos referirnos, más que al *juicio*, es a la facultad de encontrar la cláusula normativa general a través de la cual cubrir y dar sentido a la situación particular con la que estamos llamados a lidiar.

Así que es el *juicio* la facultad de la mente que el Derecho básicamente y en su mayoría requiere. Pero para Hannah Arendt el *juicio* es algo que tiene que ver con la acción. El *juicio*, la facultad de una mente, y la *acción*, el actuar, una actividad práctica, se necesitan y refieren mutuamente el uno al otro, en el sentido de que la acción se refiere a la deliberación y de que el juicio tiene que ser confirmado públicamente. El *juicio*, como la *acción*, tiene que ver con el mundo de lo visible, no de los invisibles. Tiene lugar en un concurso de apariencias sensibles, de fenómenos; este debe poder mostrarse. El Derecho es cuestión de acción, no de labor, tampoco de trabajo o fabricación. Su sentido es de algún modo intrínseco a él mismo, su criterio no es consecuencialista sino deontológico. Su razón radica en permitir a la gente disfrutar de una porción especial de realidad que se le abre. La razón del Derecho no está más allá del Derecho. El Derecho, por tanto, es en algún sentido equivalente o coextensivo a la *acción*, a la *vita activa*, y es una cuestión de poder, *Macht*; es, de alguna manera, una cuestión de actuar coordinadamente por el bien de actuar en conjunto. El Derecho –dice Hannah Arendt– es una "institución del poder"[54]. Y el poder debe referirse a reglas constitutivas para producir y estabilizar su propio mundo. "En política no es la vida sino el mundo lo que está en juego"[55]. Lo mismo podría decirse del Derecho.

---

[54] ARENDT. *Denktagebuch*, vol. 2, cit., p. 676.
[55] ARENDT. *Between Past and Future*, cit., p. 155.

Para el Derecho es intrínseco el modo de fundación, quizás la *Stiftung* de Heidegger. Los cuerpos
colectivos, las sociedades son iniciados a través de
algún acto fundacional. Y para que esto tenga lugar
y sea visible y duradero tiene que asumir la forma
del *Derecho*.

El Derecho en este sentido es un comienzo, un *initium*. Esa propiedad lo diferencia de la muy distinta
fenomenología de la necesidad empírica e imposibilita
que pueda conceptualizarse o comunicarse por medio de leyes científicas. Las leyes como afirmaciones
de la necesidad causal no pueden en ningún caso
ser un comienzo; las mismas confirman o certifican
una repetición, un perpetuo retorno. Pero el Derecho
en el sentido normativo y jurídico del término es la
marca de una ruptura en la cadena causal. Algo nuevo
está sucediendo y está estableciéndose. La natalidad
de alguna manera es el evento pasajero con el que
puede compararse una ley. La natalidad es el evento
que –según Arendt– mejor ejemplifica y explica la
autodeterminación. La autodeterminación, la libertad,
no está pensada para ser un momento de voluntad,
principalmente, como en la tradición de las doctrinas
del "libre albedrío". No es una experiencia interna,
una expresión íntima de asentimiento, sino es más
bien como una facultad, una capacidad de actuar.
Esta capacidad se expresa y se realiza a través de la
alteración de la necesidad de las leyes causales y los
ciclos de la vida; es la facultad de comenzar un nuevo
esquema de conducta. La autodeterminación entonces es fundamentalmente un *initium*, "dar a luz" a la

novedad. Sus raíces primordiales las encontramos en el hecho de que los hombres nacen nuevamente cada vez y así empiezan una nueva historia. La natalidad es la forma básica del *initium*, y se abre a la experiencia existencial de la autodeterminación. Pero si la natalidad es la condición ontológica básica del poder y del Derecho, es la promesa su acto performativo central, un proyecto de futuro que vincula y así haciendo nos libera de la necesidad de hierro de la indeterminación de lo que nos espera. La determinación (política) pasa por un conjunto y un encuentro de promesas, por un contrato social –podría decirse[56].

La experiencia política de autodeterminación se encuentra paradigmáticamente expresada en el momento constitucional, la práctica y el acto fundacional de una ciudad, de un cuerpo político. Este es el distintivo social de la natalidad individual[57]. De la misma manera, y consecuentemente, el Derecho, las reglas que establecen el marco institucional de una comunidad, de la *res publica*, la "ciudad", se refieren a la natalidad pues son un *initium* para la vida pública.

---

[56] Para una lectura crítica de esta perspectiva, vista como destinada a desembocar en una tesis iusnaturalista, véase Jürgen Habermas. "Hannah Arendts Begriff der Macht", en *Politik, Kunst, Religion*, Stuttgart, Reclam, 1978, pp. 103 y ss. Cfr. también Jürgen Habermas. "Die Geschichte von den zwei Revolutionen (H. Arendt)", en *Kultur und Kritik. Verstreute Aufsätze*, Frankfurt a. M., Suhrkamp, 1973, pp. 365 y ss.

[57] Cfr. Hauke Brunkhorst. *Hannah Arendt*, München, Beck, 1999, p. 29.

Aquí también encontramos –de acuerdo con Arendt– una oportunidad para una reconciliación entre libertad y autoridad, ya que la libertad del *initium*, la Constitución, es la base del siguiente actuar en conjunto de los ciudadanos. Es más, los ciudadanos encontrarán en este acto primordial de autodeterminación una fuente y una razón de su obediencia a las reglas a ellos dirigidas a través de instituciones republicanas.

El Derecho no está regulando, sino más bien *iniciando* un nuevo esquema de conducta. Asimismo –como ha destacado el profesor Parekh–, "el gobierno en una comunidad política no es el que manda sino 'el que inicia' o 'lidera'"[58]. Esta fuerza operativa "iniciadora" es a lo que uno puede referirse también como "autoridad". La "autoridad" es la capacidad de ser "autor", y añadir algo nuevo al "mobiliario del mundo"; el "autor" que es en el contexto social sobre quien descansa una institución como un término o referencia y un momento original de justificación. La justificación de las instituciones (y constituciones) por tanto, para Hannah Arendt, no tiene mucho que ver con relaciones o bienes particulares, sino más bien con un proceso de autoría especial y de alguna manera excepcional. Quizá uno puede hablar de *autoridad* como una especie de "poder constituyente" que es proyectado y, por así decirlo, repetido en el tiempo, aunque es completado y emplazado en tan

---

[58] PAREKH. *Hannah Arendt and the Search for a New Political Philosophy*, cit., p. 165.

solo un momento histórico de gran calidad[59]. Esto implica también que la norma jurídica, más que un esquema de interpretación ("*Deutungschema*", como dice Kelsen[60]) de una realidad que ya existe, es la *Stiftung*, la fundación, de algo nuevo, que antes no estaba allí, y de la cual la norma es condición de existencia y validez.

Con el Derecho se produce un salto, un incumplimiento, una ruptura en la gran cadena del ser; igualmente, a través de la natalidad un nuevo ser nació para nosotros, para el mundo. El Derecho en cierto sentido reformula la novedad, el "milagro", que es una característica esencial de los asuntos humanos. Esto es anunciado por el hecho de la natalidad, esta es también toda la diferencia entre la "naturaleza" (donde gobiernan las leyes causales) y la "historia" (donde sólo tenemos reglas normativas, las leyes de los juristas, de quienes hacen las leyes y de los ciudadanos); la naturaleza está hecha de necesidad, la historia está hecha de acción. "Los procesos históricos son creados y constantemente interrumpidos por la iniciativa humana, desde el *initium* el hombre es, en la medida en que es, un ser actuante"[61]. De alguna manera, cada acto es un "milagro", en la medida en que no está totalmente determinado por la necesidad

---

[59] Cfr. Andreas Kalyvas. *Democracy and the Politics of the Extraordinary: Max Weber, Carl Schmitt, and Hannah Arendt*, Cambridge, Cambridge University Press, 2008, cap. 7.

[60] Véase Kelsen. *Reine Rechtslehre*, cit., p. 19.

[61] Arendt. *Between Past and Future*, cit., p. 169.

eterna. "Cada acto, visto desde la perspectiva no del agente sino del proceso en cuyo marco ocurre y cuyo automatismo interrumpe, es un 'milagro' –es decir, algo que no podría esperarse"[62]. La autodeterminación en este sentido no está reservada solamente para "algunos talentosos", sino que al ser un rasgo de la acción humana como tal, está abierta para que todos puedan alcanzarla. Hacer una interpretación elitista de la noción de acción de Arendt sería una burda equivocación.

Ahora bien, el Derecho es la formulación y la entidad visible de esta autodeterminación, de ese "milagro". De hecho, el Derecho es tanto el comienzo como el final de un proceso de deliberación y de actuación conjunta de los seres humanos. Actuar concertadamente presupone reglas normativas para que pueda ocurrir y tener éxito; y su éxito final y resultado termina en algún tipo de decisión o conclusión que toma la forma y el efecto de una regla constituyendo un contexto para una acción futura, nueva.

Tal momento o acto de fundación apenas se puede conceptualizar como *labor*, porque de alguna manera

---

[62] Ibíd., p. 168. La referencia a los "milagros" en este argumento tiene apenas que ver con una dimensión "supra-natural" o con aquello que importa al misticismo o al cristianismo. Afirmar lo contrario (véase Bikhu Parekh. "Hannah Arendt's Critique of Marx", en M. A. Hall [ed.]. *Hannah Arendt: The Recovery of the Public World*, New York, St. Martin's Press, 1979, p. 87) sólo es posible al alto precio de dar por sentada una ontología específica, un determinismo, que es el que justamente Hannah Arendt rechaza.

es independiente de las necesidades de la vida y de su satisfacción: las reglas normativas, una constitución, no son directamente instrumentales o materia para la satisfacción de necesidades. Ellas lidian con una esfera pública que ha de fundarse y garantizarse, no con la vida buena que cada uno de nosotros trata de perseguir de acuerdo con sus deseos o intereses. Tampoco es un acto de elaboración, de *fabricación*, ya que el Derecho no es un artefacto que una vez emitido o elaborado deviene independiente por la repetición del modo de su producción. El Derecho en este sentido es como una obra de teatro. Para que tenga sentido y sea lo que trata de ser en el mundo, una pieza de teatro debe ser representada. Está ahí para ser representada. Es teatro, si es representada. Lo mismo podría decirse de un concierto o de una sinfonía. El Derecho también está ahí para usarse, para "ejecutarse", para seguirse y obedecerse. El Derecho es, en la medida en que se actúa sobre él.

No obstante, a menudo nos confrontamos con un entendimiento del Derecho en términos de fabricación y con doctrinas que ven el Derecho "por completo en la imagen de la producción"[63]. El Derecho es un texto, un hecho como una cosa, que no se refiere a un hacer o a un actuar, un hecho que se hace una vez para siempre y necesita ser "repetido" y experimentado de nuevo. El Derecho es un *fiat*. El Derecho es un orden que sólo puede padecerse, tomado como

---

[63] Arendt. *Between Past and Future*, cit., p. 139.

es, como algo ya elaborado de una vez por todas. Pero entonces su resultado probable puede ser la violencia, no el poder; aquí, en efecto, el Derecho será un gran fracaso constitucional, ya que se aplica inmediatamente como un imperativo, como un mandato, cuyo sentido sin embargo debe encontrarse inevitablemente en algún otro lugar (p. ej., en la intención original del redactor, del emisor). Una cosa fabricada, efectivamente, encuentra su propio significado en la idea de lo que fue a los ojos del fabricante. El sentido de un hecho que se está ejecutando, sin embargo, descansa en el acuerdo (en el encuentro de promesas) de quienes son los actores de aquello que se está haciendo.

Finalmente llegamos a un punto donde el Derecho y el poder se solapan, pero no en el sentido weberiano de que el Derecho es instrumental a intereses sociales pre-políticos específicos. Tenemos poder si estamos dentro del Derecho. Y el Derecho es vinculante en la medida en que este se "baña" –por decirlo de alguna manera– en el poder, en la gente que actúa de forma conjunta y que construye su realidad colectiva especial. El Derecho produce un mundo que entonces sólo puede dar existencia en la medida en que dure y que tenga la capacidad de durar. "Las instituciones políticas, sin importar lo bien o mal diseñadas que estén, dependen del actuar del hombre para su existencia continuada; su conservación se consigue por los mismos medios que les dieron vida"[64].

---

[64] Ibíd., p. 152.

Esta, por cierto, es la razón por la que Arendt se muestra tan escéptica respecto de que los derechos humanos sean distintos de los derechos fundamentales de los ciudadanos. Un derecho humano que no se traduce inmediatamente en términos de ciudadanía es un derecho sin los "muros" de una ciudad (a Hannah Arendt le gusta parafrasear un fragmento de Heráclito, B 44, donde el filósofo griego usa la metáfora de los muros para explicar el papel y la relevancia de las leyes), es decir, sin un contexto de reglas positivas y un espacio de acción común; por tanto, el derecho es de alguna manera una "sombra". En este caso no hay *Macht* detrás de los derechos humanos; no hay ciudadanos uniéndose para, y prometiéndose, protegerlos, ya no hay ámbito público común. No hay posibilidad de que los titulares de derechos deliberen y decidan sobre sus propios derechos. "Los derechos de los hombres, supuestamente inalienables, han demostrado ser no vinculantes –incluso en países cuyas constituciones se basan en ellos– en el momento en que aparecieron unas gentes que ya no eran ciudadanos de ningún Estado soberano"[65]. Los derechos humanos implican un orden constitucional y dicho orden no puede sino echar raíces en una concreta comunidad política que tenga fronteras específicas. No hay ciudadanía global que sea más que una *façon*

---

[65] ARENDT. *The Origins of Totalitarianism*, New York, Schocken Books, 2004, p. 372.

de parler: "nadie puede ser ciudadano del mundo de la misma manera que es ciudadano de su país"[66].

En esta perspectiva no puede haber una cuestión de separación entre Derecho y política, porque el Derecho es radicalmente un producto de la política, y la política es ontológicamente un imperio del Derecho. Sin embargo, el poder puede ser "dividido", mientras que ello es imposible afirmarlo de la violencia. Tampoco es posible decirlo de la voluntad; la voluntad es una auto-afirmación de un yo unitario que ha superado la división. Es monológica, es tiránica; y debe serlo. Arendt de alguna manera comparte el punto de vista radical de Carl Schmitt sobre la decisión humana[67]. Pero esto para ella es una razón de *por qué no* asumir una visión decisionista del poder. La decisión no es argumentativa y apenas puede compartirse. No se ajusta muy bien al dominio paradigmático de actuar conjuntamente que son la política y el poder.

O, si se prefiere, una decisión schmittiana es asunto de *uno*, de una unidad, mientras que el decidir arendtiano es un asunto de *muchos*, de una pluralidad. Esto implica que su respectiva lógica difiera profundamente.

---

[66] ARENDT. *Men in Dark Times*, cit., p. 81.

[67] El énfasis que hace HANNA ARENDT, sin embargo, es en la *búsqueda de*, más que en la *afirmación de* la identidad. Véase ARENDT. *The Life of the Mind*, vol. 1, cit., p. 214: "la voluntad es la capacidad interna por la cual el hombre decide sobre 'quién seremos'"; y véase ANDREAS KALYVAS. "From the act to the decision. Hannah Arendt and the question of decisionism", en *Political Theory*, vol. 32, 2004, pp. 336-337.

Una decisión monológica o unitaria no puede sino excluir lo otro, lo diverso, lo diferente, todo aquello que no se equipare a lo unitario. Una decisión dialógica o pluralista, por su parte, tendrá que permitir y arriesgarse a ser inclusiva, discursiva.

La división y la separación son, en efecto, internas al poder, ya que el poder es un asunto de coordinación y concierto basado en la experiencia de la pluralidad. El poder y el Derecho comparten el mismo código de conducta humana. Ambas son formas de *actuación*, no de *fabricación*. Y se refieren permanentemente el uno al otro. El Derecho es el producto y la base autoritativa para el poder. Este es, finalmente, el fundamento por el que el poder no puede estar limitado o controlado por el Derecho como una entidad independiente. La ontología del poder es la misma que la del Derecho. "El poder puede ser restringido por el Derecho pero, en última instancia, sólo puede controlarse por el poder"[68].

---

[68] Arendt. *Denktagebuch*, vol. 2, cit., p. 676.

CAPÍTULO SEGUNDO
SOBRE DOS VERSIONES OPUESTAS
DE IUSNATURALISMO:
"EXCLUYENTE" VERSUS "INCLUYENTE"*

I. LA DISTINCIÓN ENTRE POSITIVISMO JURÍDICO
"EXCLUYENTE" E "INCLUYENTE" Y SU USO ANALÓGICO
PARA CLASIFICAR DOCTRINAS IUSNATURALISTAS

En este capítulo me gustaría elaborar una analogía.
Es decir, voy a tratar de utilizar la reciente distinción
entre positivismo jurídico excluyente e incluyente
para discutir las bondades del iusnaturalismo. Creo
que podemos clasificar útilmente las doctrinas iusnaturalistas en "excluyentes" e "incluyentes", que esa
clasificación puede arrojar luz a nuestra discusión
y, de modo más general, sobre las ventajas de las
aproximaciones iusnaturalistas o no-positivistas.

Las versiones "excluyente" e "incluyente" del positivismo jurídico difieren en sus respectivas actitu-
des en el tema de la relación entre Derecho y moral.
Ambas formas de positivismo defienden la tesis de la

_____

* Traducción de Francisco M. Mora Sifuentes.

separación y niegan que exista una conexión necesaria entre Derecho y moral. Sin embargo, no coinciden en la manera en que conceptualizan esa relación. El positivismo jurídico excluyente sostiene que el Derecho puede definirse y evaluarse sin hacer referencia a criterios morales. La "naturaleza" del Derecho en cuanto tal rechaza cualquier conexión con principios morales. Esta visión se basa en dos argumentos principales. El primero es el conocido argumento de las fuentes sociales según el cual el Derecho es producto de "fuentes" especiales: es producto de hechos sociales. Por lo tanto, para conocer el Derecho basta con acudir a esas "fuentes" –a esos hechos sociales– y describirlo o analizarlo. No hay ninguna implicación normativa fuerte en tal empresa. El segundo, señala que la aplicación o la interpretación jurídica ya viene dada por la regla[1]. La regla determina su propio significado y sus casos de aplicación. La interpretación jurídica, se afirma aquí, es un ejercicio gramatical que no requiere una actitud reflexiva explícita o implícita.

Además, el "positivismo jurídico excluyente" separa la filosofía del Derecho tanto de la práctica jurídica como del razonamiento jurídico ordinario. Como este tipo de razonamiento –se dice– puede estar impregnado de principios morales y, de hecho, es un tipo especial de razonamiento moral, no es asunto que competa a la teoría o a la filosofía del Derecho.

---

[1] Véase, p. ej., Andrei Marmor. *Interpretation and Legal Theory*, Oxford, Clarendon, 1992, p. 153.

Al separar la teoría y la filosofía del Derecho de la
práctica, el positivismo no puede llegar a implicarse
o interesarse demasiado en los asuntos, en las dia-
tribas de abogados. Estas bien pueden ser disputas
morales sin que ello implique relevancia alguna para
la naturaleza del Derecho. Lo que es Derecho, lo es
principalmente por el hecho de haber sido promul-
gado o por haberle conferido validez. Razonar acerca
del Derecho es solo un ejercicio subordinado, un
ejercicio en algún sentido parasitario respecto de la
consideración de la naturaleza del Derecho.

El positivismo jurídico "incluyente", por su parte,
contempla la posibilidad de que principios morales
sean abarcados o incluidos en las fuentes del Derecho y especialmente en la regla básica de un sistema
jurídico: la regla de reconocimiento. Esta regla ya no
será sólo un conjunto de "reglas secundarias", reglas
que adscriben poderes, reglas que habilitan, como las
entendía originalmente H. L. A. Hart. Asumiendo la
crítica de Ronald Dworkin, se aceptará que las reglas
no agotan la ontología normativa. Los principios, a
diferencia de las reglas, pueden también formar parte
del contenido de una regla de reconocimiento. Ahora
bien, que puedan formar parte de ella no significa que
deban[2]. Esto significa que, efectivamente, puede haber
una relación entre Derecho y moral. No obstante, esa
relación está lejos de ser conceptual o necesaria, toda

---

[2] Este es el punto destacado en H. L. A. Hart. "Postcript", en *The
    Concept of Law*, 2.ª ed., Oxford, Clarendon Press, 1994.

vez que los principios pueden no estar presentes en una
regla de reconocimiento positiva. En cualquier caso,
para el "positivismo jurídico incluyente" el Derecho
se determina mediante una regla de reconocimiento
que es un hecho social y como tal no siempre comprende criterios morales, no asumiendo tampoco
compromisos normativos fuertes. (Las obligaciones
que provienen de la regla no son deberes morales).

Así, la diferencia entre ambos es la siguiente: mientras el positivismo jurídico excluyente no permite que
el Derecho positivo pueda determinarse por principios morales, el positivismo jurídico incluyente no
descarta tal posibilidad al considerar que la moral
puede ser tomada en cuenta para determinar el contenido del Derecho positivo. Para ambos puntos de
vista la validez jurídica es una cuestión de *pedigree*,
de genealogía, que deriva de "fuentes" dadas, no de
la justicia. No obstante, para el positivismo jurídico
"incluyente" la justicia como rasgo sustantivo puede
en ocasiones estar imbricada en el *pedigree* mismo,
ser parte de la regla básica de reconocimiento. En tales casos, la validez jurídica de una regla puede ser
resultado de sus méritos morales[3]. Por el contrario,
para el positivismo jurídico "excluyente" la moral,
recibida de modo contingente por las fuentes del
Derecho, no es especialmente importante o visible.

---

[3] Véase, p. ej., Wilfrid Waluchow. "Charter Challenges: A Test
Case for Theories of Law", en *Osgoode Hall Law Journal*, 29, 1991,
pp. 183 y ss.

El criterio de validez aquí seguirá siendo el *pedigree*, sin embargo la regla de reconocimiento no tiene elementos de moralidad que la transciendan, y el mérito moral no será relevante como parámetro de cualificación y de determinación de lo que es Derecho en un momento dado.

II. Iusnaturalismo "excluyente" e "incluyente". Dos versiones de "iusnaturalismo excluyente"

II.1. El iusnaturalismo de John Finnis

Considero que podemos aplicar también la dicotomía "excluyente"-"incluyente" al iusnaturalismo. Además, creo que es instructivo distinguir entre dos tipos de teorías de Derecho natural. Por un lado, tenemos aquellas doctrinas que defienden el punto de vista según el cual la validez de una norma jurídica puede determinarse por medio de criterios morales sustantivos. Por tanto, una norma positiva será válida, en sentido jurídico propio, sólo si satisface requerimientos materiales específicos fijados por el Derecho natural. El acto de volición, el hecho de su deliberación, el hecho de su validez jurídico-social, no es considerado como requerimiento normativo para la existencia y validez del Derecho. Por otro lado, existe una posición distinta de iusnaturalismo según la cual el Derecho positivo tiene un papel importante que jugar para permitir que los principios morales sean articulados y validados mediante una empresa pública y colectiva.

Lo anterior no significa que el iusnaturalismo "excluyente" crea o afirme que lo anterior podría hacerse sin el Derecho positivo. Suele decirse que el Derecho natural se "precipita" en el Derecho positivo, que este tiene que añadir un cierto grado de determinación a los principios generales del Derecho natural. Su "posición" de normas positivas, de normas que han sido creadas por un parlamento u órgano creador, no es ignorada o excluida por las doctrinas iusnaturalistas. Lo que se excluye –al menos en una de las dos versiones en las que quisiera centrarme– es la relevancia normativa del acto de su creación positiva. Que haya sido creada puede desempeñar un papel como condición de aplicación de la norma de Derecho natural, pero no puede gozar del estatus de condición de justificación o validez de la norma. Para ser aplicables en el contingente e imperfecto mundo de los asuntos humanos, las normas deben hacerse públicas y aplicarse por una autoridad facultada con la potestad de imponer la regla. Esta es la razón por la que en algunos casos las doctrinas iusnaturalistas no tratan el tema de la autoridad política y se asume acríticamente, como instancia que ejerce con éxito poder soberano. El consentimiento de quienes están sujetos a dicho poder no es necesario. La autoridad no necesita ninguna legitimidad especial más allá de ser eficaz, de ser capaz de imponer sus determinaciones y poder de incidir en la conducta. Esto es a lo que John Finnis, quien adopta esta aproximación, llama "un principio tal vez escandalosamente rígido"[4]. Una postura semejante –que podemos traer a colación–

es asumida por un filósofo que, por así decirlo, está a años luz de Finnis: Friedrich Jacob Fries, rival de Hegel y teórico postkantiano que vivió a principios del siglo XIX[5].

Para Fries, como para Finnis, no es particularmente relevante si el poder político es asunto de uno, de unos pocos o de muchos. Como han dicho los clásicos –alega Finnis[6]–, el soberano puede ser uno, unos pocos o muchos ("la multitud", "las masas"). Hay circunstancias sociales en las que el gobierno de una clase pequeña, o el de una clase muy grande, será el mejor. Lo que realmente importa es si el poder político, en cualquiera de las formas que puede adoptar, siga, se equivoque al seguir o viole el principio moral supremo (*supreme moral principle*), el Derecho natural de Finnis, o el *Rechtsgesetz* de Fries, que pueden evaluarse y comprobarse independientemente de cualquier proceso positivo o de deliberación pública. Esto es lo que aquí se propone llamar "*iusnaturalismo excluyente*".

Desde mi punto de vista, tanto el iusnaturalismo propuesto por Jonh Finnis como el defendido por

---

[4] JOHN FINNIS. *Natural Law and Natural Rights*, Oxford, Clarendon, 1980, p. 250.

[5] Véase, p. ej., JACOB F. FRIES. "Philosophische Rechtslehre", en *Sämtliche Schriften*, vol. 9, G. König y L. Geldsetzer (eds.), Aalen, Scientia, 1971, p. 108: "de cara al Derecho es indiferente quién es el que gobierna, si uno o mil, siempre que el Derecho esté vigente gracias a él [*Vor Recht ist es gleich, wer der Regent sey, ob einer oder hunderte, genug, wenn durch ihn das Gesetz gilt*]".

[6] FINNIS. *Natural Law and Natural Rights*, cit., p. 252.

Deryck Beyleveld y Roger Brownsword son ejemplos de este tipo de iusnaturalismo, es decir, ambos son "excluyentes". Aquí el carácter "excluyente" o "incluyente" tiene mucho que ver con la forma en que los principios morales se reputan conocidos y con el grado de certeza que tales principios pretenden alcanzar. Si tomamos el caso del iusnaturalismo de John Finnis podemos identificar dos estrategias principales. Por un lado, mientras que el conocimiento del Derecho se considera como una cuestión del punto de vista interno, esto es, del punto de vista de los individuos que usan y aplican las normas jurídicas, este punto de vista se muestra por medio de la referencia a un caso central que tiene un contenido moral explícito, el tomado por el hombre sabio de Aristóteles, "por el *spoudaios*" (el hombre maduro de razonabilidad práctica)[7].

Además, Finnis hace un uso idiosincrático de la noción de "tipo ideal" de Max Weber. Como se sabe, Max Weber sostiene que el conocimiento del fenómeno social e institucional implica una conceptualización *a priori* de esos fenómenos e instituciones. Sin embargo, según el sociólogo alemán, los "tipos ideales" no contienen implicaciones morales ni son

---

[7] Ibíd., p. 15. Cfr. también: DERICK BEYLEVELD y ROBERT BROWNSWORD. "The Implications of Natural Law Theory for the Sociology of Law", en A. CARTHY (ed.). *Post-Modern Law-Enlightenment, Revolution and the Death of Man*, Edinburgh, Edinburgh University Press, 1990, p. 144, donde encontramos una alusión parecida.

equiparables a las "esencias" platónicas o aristotéli-
cas, al ser completamente convencionales y pretender
una condición de recurso epistémico. Cuando nos
ocupamos de un fenómeno social, el uso paradigmático de un significado central no hace referencia a
su mérito moral. Toda institución o fenómeno social
puede ser estudiado por medio de su correspondiente
"tipo ideal". Podemos, por lo tanto, tener un "tipo
ideal" incluso para los fenómenos sociales, instituciones, o para ejemplificar situaciones de grave
injusticia, perversión o corrupción. Verbigracia, desde
la perspectiva weberiana, al estudiar la prostitución
como fenómeno social, la misma no sería inapropia-
da, ni sonaría indecente, al considerarla y hablar de
ella como "tipo ideal" de prostitución. O tomemos
los casos del capitalismo, del imperialismo o del totalitarismo: en cada uno de esos contextos, el científico
social weberiano podría plantear sensatamente que
se trata de "tipos ideales" entre la constelación de
las formas de poder. Finnis, por el contrario, toma el
"tipo ideal" weberiano sin la connotación epistémico-
constructivista y su metaética no-cognoscitivista, y le
da el estatus de "caso central", como en los modelos
proporcionados por una teleología interna dirigidos
a un cierto tipo de florecimiento humano [*flourishing*]
o perfección. En mi opinión, este enfoque es un ma-
lentendido del método sociológico neutral de Weber,
porque, repentinamente, hace depender el conocimiento (social) no sólo de supuestos epistemológicos
o de precomprensiones hermenéuticas, sino también,
y sobre todo, de exigencias morales sustantivas.

Según Finnis, tal y como hemos visto, un caso central del Derecho es aquel en el que la gente desde el punto de vista interno toma una posición moral (o "prácticamente razonable"). Pero aquí, me gustaría destacar, la pretensión de asumir dicha postura razonable no parece suficiente. Finnis está realmente en busca de un requisito más estricto. "El punto de vista del caso central en sí mismo –nos dice– es el punto de vista de aquel que no solo apela a la razonabilidad práctica, sino que *es* prácticamente razonable"[8]. El caso central del punto de vista interno por el que alcanzamos a ver la verdadera naturaleza del Derecho no es uno de alguien que *pretende ser* prácticamente razonable o sabio, sino sólo de aquellos que *realmente lo son*. Así que por su naturaleza (dada por su "caso central") no es el Derecho relacionado a la moral sólo en cuanto él tiene una pretensión de justicia (que podría ser cognitivamente falsificada o reconocida como falsa), sino que además el Derecho se conecta a la moral de manera mucho más fuerte, para nada "*soft*", en el sentido de que es Derecho en tanto que justo.

Por otro lado, el iusnaturalismo de Finnis tiene como fundamento la idea intuitiva de que, por conducto de la razonabilidad práctica, podemos identificar como evidentes (siete) bienes básicos. Entre esos bienes encontramos la religión, pero no la libertad. Estos bienes nos ofrecen el fundamento normativo de re-

---

[8] FINNIS. *Natural Law and Natural Rights*, cit., p. 15 (cursivas en el texto).

querimientos morales más específicos. El procesamiento de tales requerimientos es considerado un ejercicio básicamente monológico ya que requiere "una intensiva contemplación activa". "El discurso –se dice polemizando con la teoría del discurso de Habermas– está en la razón y los deseos del individuo (*Discourse is in the reason and the will of individual*)"[9]. Es decir, la razón y la voluntad individual, monológica, ya para él son discursivas, y no necesitan algún soporte intersubjetivo y plural. Y lleva tan lejos estos presupuestos que llega a producir resultados como, por ejemplo, que para una mujer (o para un hombre) masturbarse y mantener relaciones sexuales fuera del matrimonio y sin fines reproductivos, desde el punto de vista moral, es equivalente a la prostitución[10], que la pena de muerte puede ser moralmente admisible[11],

---

[9] JOHN FINNIS. "Natural Law and Ethics of Discourse", en *Ratio Juris*, 12, 1999, p. 364.

[10] "No hay una distinción importante desde el punto de su inutilidad moral entre la masturbación en solitario, ser sodomizado por prostitución o ser sodomizado por placer. Los actos sexuales *en realidad* no pueden ser 'auto-dados' a menos que sean actos por los cuales un hombre y una mujer realizan y experimentan sexualmente la verdadera entrega recíproca –en la unión biológica, afectiva y volitiva de un compromiso mutuo, abierto y exclusivo– como la que Platón y Aristóteles y la mayoría de la gente llamamos matrimonio": JOHN FINNIS. "Law, morality, and sexual orientation", en *Notre Dame Journal of Law, Ethics & Public Policy*, vol. 9, 1995, pp. 29-30 (cursivas en el texto).

[11] "La elección de matar a alguien como pena capital quizás puede justificarse, porque la acción elegida inmediatamente y en sí

o finalmente, que el aborto es un crimen abominable. Sin embargo, Finnis reconoce la necesidad de que exista una determinación positiva del Derecho natural, y su visión sobre el razonamiento jurídico es mucho más positivista que la que, digamos, defiende Ronald Dworkin. "El Derecho de los hombres –señala– es un artefacto y un artificio, y no una conclusión a partir de premisas morales"[12]. No debería sorprender tanto que, según el discípulo más fiel de Finnis, Robert P. George, miembro del Consejo de Bioética del Presidente Bush, la validez o la fuerza jurídica vinculante del Derecho natural se agota completamente en la legislación constitucional. El iusnaturalismo aquí desemboca en el "originalismo": "El Derecho natural en sí mismo –escribe George– no confiere autoridad alguna a los jueces para que vayan más allá del texto, la lógica, la estructura o la comprensión originaria de la Constitución".

Para Finnis no hay una única respuesta correcta para los casos difíciles puesto que los bienes básicos y los principios morales fundamentales son inconmensurables. Estos pueden ser sopesados mediante argumentos, pero no someterse a cómputo. La incon-

---

misma actualiza el bien de la justicia, y así la muerte del sancionado no se está utilizando como un medio para un fin ulterior": JOHN FINNIS et al. *Nuclear Deterrence, Morality and Realism*, Oxford, Clarendon Press, 1989, p. 317.

[12] JOHN FINNIS. "The Truth in Legal Positivism", en ROBERT P. GEORGE (ed.). *The Autonomy of Law. Essays on Legal Positivism*, Oxford, Clarendon, 1996, p. 205.

mensurabilidad, sin embargo, lleva a la superioridad de las "razones en contra" sobre "las razones para" y los "absolutos morales" negativos (deberes de no hacer algo), que estén en aptitud de superar una prueba de universalización.

La inconmensurabilidad –considera Finnis– permite cierta discrecionalidad en cuanto a la decisión judicial se refiere. Sin embargo, tanto para el postkantiano Fries como para el postomista Finnis el Derecho positivo y sus normas no tienen significado moral en sí mismos y son vistos como una técnica, como una herramienta que hace posible la vigencia de criterios morales. Finnis sin embargo subraya el carácter de coordinación de conductas que asume el Derecho y que como tal es un elemento importante de su justificación. En consecuencia, el razonamiento jurídico es una cuestión de conocimiento técnico, una especie de ingeniería, un ámbito de "fabricación", como dice Finnis[13], no de "creación". Por lo tanto, no minimiza la necesidad de fuentes autoritativas en la argumentación de los operadores jurídicos[14]. Lo

---

[13] Véase JOHN FINNIS. "Natural Law and Legal Reasoning", en ROBERT P. GEORGE (ed.). *Natural Law Theory. Contemporary Essays*, Oxford, Oxford University Press, 1994.

[14] "Tales fuentes, en la media en que sean claras y respeten los pocos derechos y deberes morales absolutos, deben ser respetadas como la única base razonable para la decisión judicial en relación con los incontables problemas que no involucran directamente aquellos derechos y deberes absolutos": FINNIS. "Natural Law and Legal Reasoning", cit., p. 151.

que se indica es una relación de reciprocidad entre la discreción y el Derecho escrito. De esta forma, para Finnis el razonamiento jurídico es muy diferente del razonamiento moral, en la medida en que el primero no necesita embarcarse en consideraciones morales, y particularmente porque se basa en un acto final de aplicación. Sólo después de que la decisión ha sido tomada, y con motivo de ello, dice, es que puede presentarse y justificarse como la respuesta correcta. Sin embargo, tanto para el legislador como para el juez hay algunos ámbitos de discreción que parecen excluidos. Uno de esos ámbitos excluidos es claramente la moral sexual. Aquí la ley natural no permitiría demasiada *determinatio*.

La forma política ideal de Finnis es la del "gobierno limitado". No obstante, esto –creo– no debe entenderse de modo equivalente al constitucionalismo liberal. Más bien, se trata de un gobierno con un radio de acción al que no le está permitido violar algunos (pocos) absolutos morales. Tales "absolutos" no forman parte de la estructura de gobierno, sino solo establecen límites a la agenda y a los temas sobre los cuales se puede legislar libremente. La soberanía en Finnis no es "absoluta", por lo menos no lo es en la medida en que tiene que respetar algunos requisitos morales mínimos. El cómo tengan que ser respetados no necesita una forma constitucional específica de implementación y, en principio, no tiene por qué ser garantizada mediante control democrático alguno.

II.2. El iusnaturalismo de D. Beyleveld y R. Brownsword

Como he señalado, mi argumento es que el iusnaturalismo de Derick Beyleveld y Roger Brownsword también es "excluyente". Esto se debe en gran medida a las ambiciosas pretensiones de su enfoque general sobre la posibilidad de derivar el Derecho positivo más o menos directamente de fuertes principios morales sustantivos.

El enfoque de Beyleveld y Brownsword –como se sabe– se basa en un requisito normativo supremo, el *Principio de la Consistencia Genérica*, o PCG, una idea propuesta por Alan Gewirth en su seminal libro *Reason and Morality*. Según el PCG uno estaría obligado a realizar cualquier acción que respete los derechos genéricos de terceros, esto es, su derecho a la libertad o autonomía y su derecho al bienestar. Siguiendo a Gewirth, Beyleveld y Brownsword sostienen que el PCG es un principio *absoluto*, en el sentido de estar objetivamente respaldado por evidencia lógica. Un agente, cualquier agente, se contradiría a sí mismo si intenta oponerse al PCG. Esta es, en pocas palabras, su tesis. Su alegato no es que el PCG es más plausible argumentativamente, sino que existe una prueba lógica de su verdad. No puedo detenerme aquí a discutir detalladamente los argumentos dados para estimar la fundamentación lógica absoluta de tal principio. Me referiré sólo a dos motivos principales para la perplejidad.

(i) En primer lugar, una inferencia lógica no es un argumento normativo fuerte para respaldar una actitud, un punto de vista o una actitud moral sustantiva. Un argumento estrictamente lógico puede ser groseramente falso. Es suficiente que las premisas sean falsas para que la inferencia, aunque válida, no produzca una conclusión verdadera. O puede haber casos de operaciones que apliquen por ejemplo al discurso normativo esquemas lógicos que sólo funcionan para el razonamiento descriptivo. Pero, y sobre todo, una práctica que es esencialmente controvertida (como la moral) no puede ser tratada por medio de simples operaciones lógicas sin otros argumentos previos. "La razón lógica y la verdad práctica son *dispares*" –comentó alguna vez Hazlitt[15]. Una prueba lógica en este ámbito sólo posee un impacto limitado.

En cualquier caso, es difícil ver cómo podría uno contradecirse lógicamente al no asumir ciertos criterios morales, si no se ha hecho previamente un juicio moral o al menos si uno no ha asumido un punto de vista normativo. Me gustaría destacar que Gewirth y Brownsword y Beyleveld encuentran su "prueba", la piedra angular de todo su sistema, no en una contradicción pragmática sino en la contradicción puramente *lógica* que dicen aqueja a cualquier agente que no apruebe el PCG. Según Gewirth, "el PCG y los juicios

---

[15] William Hazlitt. "On Reason and Imagination", en *On the Pleasure of Hating*, Cambridge, Polity, 2004, p. 88 (cursivas en el texto).

de él derivados son analíticamente verdaderos"[16]. No puede haber una afirmación más fuerte.

(ii) En segundo lugar, el PCG es el resultado de un razonamiento estrictamente monológico, que pasa por uno de tipo prudencial, instrumental, amoral, si no inmoral, enfoque de la conducta, hasta un razonamiento que gustaría llegar a un objetivo, cualquiera que este fuese. La esperanza es que "la razón prudencial implique una estructura profunda de moralidad"[17]. De hecho, no hay demasiada dialéctica en el que se ha venido denominando "método dialécticamente necesario" defendido por Gewirth y por Beyleveld y Brownsword. Este método es "dialéctico" en la medida en que se supone comenzará con proposiciones hechas no por ellos mismos (por los teóricos), sino por varios interlocutores[18]. Sin embargo, su método no permite ningún espacio o momento especial para que los oponentes hagan oír su voz. Las proposiciones con las cuales el "método dialécticamente necesario" comienza son aquellas de los agentes representados por el teórico, no aquellas que pudieron ser emitidas contra los agentes por terceras partes u otras personas interesadas. La estrategia monológica adoptada por

---

[16] ALAN GEWIRTH. *Reason and Morality*, University of Chicago Press, Chicago, 1978, p. 175.

[17] HENRIK PALMER OLSEN y STUART TODDINGTON. *Law in Its Own Right*, Oxford, Hart, 1999, pp. 153-154.

[18] Véase ALAN GEWIRTH. "Foreword", en D. BEYLEVELD. *The Dialectical Necessity of Morality*, Chicago, University of Chicago Press, 1991, pp. viii-ix.

los defensores del PCG se hace patente en el siguiente reconocimiento expreso de Gewirth: "Mi propio argumento procede no de lo que *otras personas* pueden *exigir*, sino de lo que el *agente* tiene que aceptar, a través de la universalización, que todos los demás agentes prospectivos *tienen* derechos genéricos"[19]. Yo tengo que convencerme a mí mismo, y una vez que esté convencido, los demás, la convicción de los otros, aunque interesados y "tocados" por mi acción, no importa, o importa muy poco. El argumento y el razonamiento práctico aquí es completamente *privado*. Está incorporado al punto de vista en "primera persona" y para superarlo, para alcanzar el punto de vista en "segunda persona", no tiene mejor recurso que recurrir nuevamente a la "primera persona".

Los demás, es decir, cualquier persona más allá del agente en cuestión, no tienen voz en la prueba lógica del PCG. Esta exclusión, considero, tiene consecuencias fatales. En particular, contribuye a que la prueba lógica fracase pragmáticamente, ya que no ofrece alguna razón de peso para dar a otros la misma posición normativa que ya fue tomada por el agente para sí mismo[20]. En tal perspectiva monológica no hay ningún

---

[19] Ibíd. (cursivas en el texto).
[20] Neil MacCormick. "Gewirth's Fallacy", en *Queen's Law Journal*, n.º 9, 1984, pp. 345 y ss. Un punto de vista parecido en Richard M. Hare. "Do agents have to be moralists?", en *Gewirth's Ethical Rationalism. Critical Essays with a Reply by Alan Gewirth*, Chicago, University of Chicago Press, 1984, pp. 52 y ss.

paso en el que el agente pueda encontrar limitación a sus propias especulaciones y cálculos procedentes del mundo exterior y, especialmente, de otros agentes. En síntesis: en este enfoque no hay necesidad de que el agente *escuche* a los demás.

Por otro lado, desde que la construcción del principio básico del Derecho es un ejercicio puramente monológico, esto lleva a un punto de vista del Derecho positivo como una práctica, como una operación, más o menos deductiva, en la que la controversia y deliberación pública no juegan un papel central. Las instituciones se consideran como productos que constituyen o bien una condición de aplicación de los principios supremos, o bien el "precipitado" –por así decir– de tales principios. Su ontología es o bien la de los hechos brutos, simple fenómeno causal y empírico, o bien la de una normatividad fuerte, aquella de los principios supremos. La sociedad, aquí, como condición humana distinta y específica ha desaparecido. La degradación ontológica de la sociedad se encuentra también en la doctrina de Finnis. La praxis ("hacer") es para este autor sólo "existencial" o "moral", individual, es decir, pero no cultural o social. La cultura y la técnica están clasificadas bajo la etiqueta del "fabricar", una esfera más baja con respecto al "hacer", al "*doing*" de Hannah Arendt[21]. Finnis, por

---

[21] Para esta noción, "*doing*", que corresponde a la dimension de la "*action*", véase HANNAH ARENDT. "Labor, Work, Action", en *Amor Mundi: Explorations in the Faith and Thought of Hannah Arendt*, al

ejemplo, subraya que el lenguaje (palabras, poemas)
y los misiles balísticos pertenecen al mismo dominio:
el "fabricar (*making*)"[22].

   Es revelador que, cada vez que intentan definir o
conceptualizar contextos institucionales o acuerdos
colectivos, Beyleveld y Brownsword constantemente
se refieren a virtudes individuales y a la moralidad.
La decisión judicial es vista así como la actividad
propia del (buen) juez. Un juicio no es más que "un
fallo / decisión dictada por alguien que actúa como
juez"[23]. La labor de juzgar coincide con la moral y
la deontología judicial, y en el mismo sentido el
imperio de la ley [*rule of law*] se equipara con el principio moral supremo: "Las sentencias sólo pueden
producirse cuando en la función judicial se observa
la moral"[24]. "El Imperio de la Ley *es* simplemente el
Imperio del PCG"[25]. De igual manera, en la doctrina de
Finnis, si hay una racionalidad en el Derecho positivo
más allá de la coordinación, no es que el ciudadano
debería estar obligado únicamente por las reglas que

------

cuidado de J. W. Bernauer, Dordrecht, Martinus Nijhoff, 1986,
pp. 29-42; además de su libro fundamental *On Human Condition*
(Chicago, The University of Chicago Press, 1958); o su *Vita activa* en la versión más larga y desarrollada publicada en alemán
(München, Piper Verlag, 1960).

[22] Véase FINNIS. *Natural Law and Natural Rights*, cit.

[23] DERICK BEYLEVELD y ROBERT BROWNSWORD. *Law as Moral Judgment*,
2.ª ed., Sheffield, Sheffield Academic Press, 1994, p. 403.

[24] Ibíd.

[25] BEYLEVELD y BROWNSWORD. *Law as Moral Judgment*, cit., p. 440.

él mismo hubiera sido capaz de discutir y aprobar. Es, más bien, una racionalidad que posibilita que los jueces sean imparciales.

Tendremos Derecho, Constitución, legislación, función judicial, abogacía, y así sucesivamente, siempre y cuando todas estas instituciones puedan evaluarse como representaciones del principio moral supremo. "Sólo si la Constitución material es de hecho moralmente legítima bajo el PCG –leemos en *Law as Moral Judgment* de Beyleveld y Brownsword– existe un orden jurídico constitucional". El acuerdo constitucional, el hecho de reunir a las personas y que decidan sobre su vida en común, sus discusiones y deliberaciones, no tiene aquí fuerza normativa independiente o relevancia moral. "El PCG –sostienen Beyleveld y Brownsword– es la norma constitucional de cualquier ordenamiento jurídico".

Al igual que en la doctrina de Finnis, el hecho de que los ciudadanos adopten sus propias reglas no es una situación que, como tal, esté dotada de un significado moral. Para Finnis, de hecho, la idea de que la gente se gobierna a sí misma es un "mito ideológico"[26]: la autoridad es lo que importa. La regulación social es vista principalmente como "patrón de conducta contrario a ocurrencias o deseos particulares"[27]. Lo que es realmente significativo es que el PCG se siga o se aplique, o, en el caso de la teoría "clásica" de Finnis,

---

[26] FINNIS. *Natural Law and Natural Rights*, cit., p. 16.
[27] BEYLEVELD y BROWNSWORD. *Law as Moral Judgment*, cit., p. 170.

que los siete bienes básicos (que en ocasiones devienen en ocho por la inclusión del matrimonio católico romano[28]) se observen. "El PCG –dicen Beyleveld y Brownsword– puede, en principio, resolver directamente el problema de qué conductas son opcionales/obligatorias/prohibidas"[29]. Por lo tanto, desde ese punto de vista la práctica jurídica como una empresa común, como amistad especial, es instrumentalizada con el propósito principal de la aplicación del estándar moral básico fijado fuera de la empresa común, por un acto de sabiduría normativa. La autoridad jurídica llega a ser 'transparente' respecto a la moralidad pre-jurídica[30].

"Un ordenamiento jurídico –dicen Beyleveld y Brownsword[31]– debe distinguirse de un *intento* de ordenamiento jurídico" (cursivas mías). Sin embargo, para fines prácticos el "intento" puede tratarse como ordenamiento jurídico propiamente dicho, si este es capaz de conseguir legitimidad moral en términos de "derechos morales del agente". Puesto

---

[28] Véase, p. ej., Robert P. George. *In Defence of Natural Law*, Oxford, Oxford University Press, 1999, p. 139: "[El m]atrimonio, considerado no meramente como un pacto legal, sino, más bien, como una comunión de dos personas que llegan a ser un sólo cuerpo, esto es, consumada y actualizada por actos sexuales de tipo reproductivo, es un bien humano intrínseco (o, en nuestros términos, un bien 'básico')".

[29] Beyleveld y Brownsword. *Law as Moral Judgment*, cit., p. 179.

[30] Palmer Olsen y Toddington. *Law in Its Own Right*, cit., p. 158.

[31] Beyleveld y Brownsword. *Law as Moral Judgment*, cit., p. 161.

que el Derecho es definido como una regla consistente en que hay un derecho moral que garantizar, es indispensable clarificar cuándo un derecho moral como tal puede considerarse garantizado. Beyleveld y Brownsword distinguen aquí entre un derecho moral del "acto" y un derecho moral del "agente": el primero se define en términos de logro (esto es, realizó el PCG) y el segundo representa un intento de realizar el PCG. Aunque el PCG se refiere principalmente a la "moralidad de acto", es decir, con sus propios logros y Beyleveld y Brownsword "definen el Derecho en términos de derechos morales del acto"[32], no obstante, debido a las controversias que suscitan las interpretaciones del PCG y las muchas limitaciones de la condición humana, la autoridad práctica (el ejercicio de los derechos morales del agente) puede ser suficiente para dar validez a las reglas jurídicas. La distinción entre "derechos morales del acto" y "derechos morales del agente", y sobre todo la otra distinción entre un "orden jurídico" y un "intento de orden jurídico", puede recordarnos de alguna manera la tensión entre la pretensión de justicia y una declaración de justicia (una tensión que, de hecho, es el núcleo del "iusnaturalismo incluyente"). En cierto sentido, podríamos decir que, al final, Beyleveld y Brownsword adoptan una perspectiva que no está tan lejos de la asumida por Habermas y Alexy (que articulan de manera neta la distinción entre pretensión

---

[32] Ibíd.

de justicia del Derecho y su efectiva satisfacción de tal preferencia, y que para esta última reenvían a un momento deliberativo colectivo, el *discurso*). Por lo tanto, podríamos concluir que la diferencia entre los dos puntos de vista es simplemente una cuestión de énfasis o metodología, que los resultados son más o menos iguales. Quizás lo mismo se podría decir de Finnis, ya que este le concede a la autoridad un ámbito de operatividad y de producción de la regla jurídica muy amplio, en consideración de la inconmensurabilidad de los bienes básicos y el valor intrínseco de la coordinación que la autoridad permite como experiencia fáctica.

El problema, sin embargo, es que Brownsword y Beyleveld moralizan fuertemente la distinción entre "el intento" y "el logro", de modo que un "derecho moral del agente" se sostiene sólo si hay un sincero *esfuerzo de buena fe* de aplicar el PCG por parte de la persona que asume la norma jurídica. El "intento" en cuestión está por consiguiente inmediata y directamente referido a una particular doctrina moral comprehensiva. Por el contrario, la referencia de Alexy y Habermas a la pretensión de justicia opera sin requerir la aceptación de un criterio moral específico y sin una conciencia específica de aquellos criterios por parte del agente. La "pretensión de justicia" aquí es el resultado de la "pretensión de corrección" implícita en el propio lenguaje, esto es, en las condiciones pragmáticas del éxito del acto social llevado a cabo. Puesto que la pretensión de corrección que ha de satisfacerse requiere que se den razones, y estas deben ser aceptadas por un auditorio universal, la corrección aquí dará lugar a la universalización, y ello será un puente que conecte con la noción de justicia. Dice Habermas:

> Con el sentido asertórico de su afirmación, el hablante entabla una pretensión susceptible de crítica, en lo que respecta a la validez del enunciado afirmado [...]. La pretensión de verdad de un proponente, cuando está justificada, habrá de poder defenderse con razones frente a las objeciones de posibles oponentes [...]. Con toda pretensión de validez trascienden hablante y oyente los criterios provinciales de todo colectivo particular[33].

Un juez, incluso de buena fe, caería en una contradicción performativa si dijera: "Sentencio a X a prisión, y esto es injusto". Alguien que sea capaz de comunicarse, debe considerar lo dicho con pretensión de ser verdadero, aun cuando sea de mala fe en el caso particular. El intento o "pretensión", *Anspruch* en alemán, no sólo es aquí una actuación individual, sino también una asunción pragmática y por tanto *colectiva*. Es más, la tesis de la "pretensión de justicia" no se basa inmediatamente en una teoría moral particular, dejando el camino abierto para que su propia satisfacción sea evaluada. La teoría del discurso no necesita moralizar explícitamente el comportamiento

---

[33] JÜRGEN HABERMAS. *Between Facts and Norms*, William Rehg (trad.), Cambridge (Mass.), Polity, 1998, p. 14.

de los agentes para fijar una conexión entre la acción social y exigencias normativas. Las condiciones pragmáticas del discurso bastarán.

Por lo que concierne a Finnis, ya se ha visto que él considera el discurso un elemento de la deliberación individual o monológica, es decir que no hace falta en la deliberación moral un discurso con otros iguales, y que además el caso central del Derecho es aquel de una situación de justicia plena determinada por alguien que se asume es el hombre virtuoso, y no que sólo pretende serlo. Sin considerar que los siete bienes básicos parecen tener un contenido o un núcleo sustantivo que no es derogable por el Derecho en ningún caso, especialmente en el terreno de la moral sexual.

III. Iusnaturalismo "incluyente".
La teoría del discurso

En oposición al iusnaturalismo "excluyente" encontramos lo que propongo llamar su versión "incluyente". De esta ya se ha anticipado algo, hablando de Habermas y Alexy. Su principal rasgo es que el principio moral supremo que justifica la empresa jurídica no se encuentra mediante una operación monológica, sino que requiere una práctica común, interacción, *discurso*. Tal versión iusnaturalista es "incluyente" sobre todo porque los "otros" –es decir, terceras personas– están inmediatamente incluidos en el proceso por el cual el Derecho natural –esto es, los principios morales y, de modo más general, los criterios de corrección– es establecido y evaluado.

"Debido a que nadie tiene acceso directo a condiciones de validez sin interpretación, la "validez" [*Gültigkeit*] –dice Habermas– debe ser entendida en términos epistémicos como "validez" [*Geltung*] comprobada por nosotros, es decir, comprobada en el debate entre los que proponen y los que se oponen"[34]. No es suficiente asumir el punto de vista de los otros mediante un ejercicio de empatía. Uno tiene que ir más allá: no sólo debe tener en cuenta los intereses de otros, sino que también, y sobre todo, ha de tener en cuenta su *voz*. Esta segunda versión de iusnaturalismo es entonces "incluyente" en un sentido adicional y quizá más importante: para evaluar la validez del Derecho, el Derecho positivo debe, por sí mismo, constituir una fuente de validez. No sólo es una obligación para el Derecho estabilizar y dar efectividad al debate público sobre la moralidad, sino que también debe ser coextensivo a dicho debate.

En este segundo tipo de iusnaturalismo, la definición de Derecho no incluye la proposición de que el Derecho sea justo, sino de modo mucho más modesto una pretensión de que el Derecho debe ser justo. Del hecho de que una pretensión resulte injustificada no se deriva la invalidez de la regla, salvo en casos extremos. "Por debajo del umbral de la injusticia extrema", dice Robert Alexy[35], cuya teoría propongo

---

[34] Ibíd.
[35] Robert Alexy. *The Argument from Injustice. A Reply to Legal Positivism*, Oxford, Clarendon, 2002, p. 79.

como versión ejemplar de iusnaturalismo incluyente, "la pretensión solamente, y no su satisfacción, puede establecer una conexión necesaria entre el Derecho y la moral correcta. Centrarse en la satisfacción de la pretensión es demasiado decir".

Lo que hace posible establecer una conexión necesaria entre Derecho y moralidad es la pretensión de corrección y justicia que se dice es intrínseca a cualquier práctica jurídica considerada desde el punto de vista del participante, y solo esa afirmación. Es precisamente esa aserción lo que demuestra que un Derecho no puede concebirse a sí mismo siendo extremadamente injusto. En otras palabras: cada operación jurídica se hace elevando una pretensión de corrección o justicia. Pero una cosa es la pretensión de ser justo, referente a una estimación posterior, y otra cosa el juicio positivo de ser justo por el seguimiento o la satisfacción de un requerimiento material o por ser respaldado por evidencia lógica o intuitiva.

Una ley es ley sólo en virtud de la pretensión de justicia y no es justa sólo por ser positiva. Esta es la tesis principal del iusnaturalismo "incluyente". Este es "incluyente" especialmente porque asume que el Derecho positivo es una condición que define el Derecho válido. Esto se debe al hecho de que a fin de satisfacer la pretensión de justicia no podemos hacerlo sin el Derecho positivo, sin deliberación pública tal y como está ejemplificado en la práctica legal y constitucional. En consecuencia, "una violación de la moralidad significa no que la norma o la decisión en cuestión pierde su carácter jurídico, o en otras palabras, que no es Derecho (una conexión clasificatoria), sino, más bien, que la norma o decisión en cuestión es jurídicamente defectuosa (conexión cualificatoria)"[36].

Esta conclusión es contraria a la proposición temeraria de Roger Brownsword y Deryck Beyleveld de que "ninguna regla inmoral debe ser considerada como regla jurídica"[37], mientras que, por el contrario, se sustenta en el uso que Ronald Dworkin hace de la distinción concepto/concepción. Como se sabe, los principios, de acuerdo con Dworkin, son conceptos, estándares normativos generales para ser completados por doctrinas y requisitos sustantivos ("concepciones"). Por lo tanto, el razonamiento jurídico es desde este punto de vista una búsqueda argumentativa de la "concepción" que mejor se adapte y justifique ese "concepto" particular[38].

Ahora, como ya he dejado claro, mi postura es que buenos ejemplos de iusnaturalismo "incluyente" son ofrecidos por las teorías del discurso de Robert Alexy y Jürgen Habermas. Aquí los primeros principios morales tienen una esencia procedimental, de modo que para convertirse en sustantivos existe la necesidad de hacer referencia a una práctica concreta de deliberación. En el ámbito público, esta será la

---

[36] Ibíd.

[37] JOHN N. ADAMS y ROGER BROWNSWORD. *Understanding Law*, 2.ª ed., London, Sweet and Maxwell, 1999, p. 19.

[38] Para esta distinción véase la elaboración que le proporciona R. DWOKIN. *Law's Empire*, London, Fontana Press, 1988, cap. 2.

producción democrática de reglas mediante participación y representación. El Derecho positivo jugará
un papel central en la medida en que no se considera
simplemente como un dispositivo para la aplicación
de reglas morales sino que se eleva a la condición de
un momento constitutivo para el reconocimiento y
para dotar de significado a esas reglas.

Habermas desarrolla su posición en la teoría del
Derecho a partir de la conjunción de dos elementos
básicos: (i) el principio del discurso referido a una
situación ideal de habla y participación; (ii) y lo que
Habermas llama *Rechtsform*, la "forma del Derecho",
que en su punto de vista implica derechos individuales. El concepto de Derecho positivo de Habermas
es por lo tanto el resultado de, por una parte, una
situación discursiva en la que las personas se fijan
a ellas mismas reglas y, por otro lado, los derechos
básicos dados funcionalmente por la "forma jurídica". Derechos humanos y momento constitucional
son ambos adscritos con igual dignidad normativa: son "co-originarios"[39]. En este punto de vista la
"forma del Derecho" no se tiene que "deducir" de la
estructura de un discurso ideal[40]; la "forma del Derecho", sus contenidos, pueden únicamente hacerse

---

[39] Habermas. *Between Facts and Norms*, cit., cap. III.

[40] Véase Klaus Günther. "Diskurstheorie des Rechts oder liberales
Naturrecht in diskurstheoretischem Gewande?", en *Kritische Justiz*,
27, 1994, p. 478: "La forma jurídica como tal no es deducible mediante una aproximación de teoría del discurso [*Die Rechtsform
als solche ist diskurstheoretisch unableitbar*]".

concretos mediante un ejercicio real y público de los requerimientos del discurso ideal. Por otra parte, la "forma del Derecho" aquí se basa en gran medida en derechos individuales (*subjektiven Rechte*) que no se han moralizado: son también derechos *a equivocarse*[41].

Según la teoría del discurso, democracia y constitucionalismo son la forma en que se llega a un acuerdo público definitivo sobre los primeros principios de la moralidad correcta y los bienes comunes básicos. Tales principios no son plenamente identificables antes de la deliberación pública de las personas a las que les conciernen. Es más, su definitividad no es "absoluta" aunque no están relacionados con estados de ánimo personales o caprichos. Estos son elementos de justicia meditados y abiertos hasta que no se traigan eventualmente al ámbito público nuevos y mejores argumentos. La conexión que tienen con el *statu quo* argumentativo hacen de aquellas conclusiones pretensiones de justicia más que juicios absolutamente justos y verdaderos.

La noción de pretensión de justicia juega aquí un papel doble. (i) Tiene un carácter definicional del Derecho y de la práctica jurídica, abre el razonamiento jurídico al razonamiento moral y en consecuencia hace posible establecer una conexión necesaria entre Derecho y moral. (ii) Es el estatus epistémico alcanzado por las conclusiones sustantivas en la deliberación moral pública. Esto es igualmente importante para

---

[41] Ibíd.

la deliberación moral *privada* ya que, para proceder y
evitar la trampa del subjetivismo y la auto-indulgencia,
se hace necesario simular, incluso *in foro interno*, un
debate público y, en segundo lugar, traer los propios
resultados a la confrontación pública e intersubjetiva concreta lo antes posible. Incluso para la filosofía
cartesiana la moralidad no puede ser autenticada
únicamente mediante deliberaciones internas del ser:
un momento público es exigido desde el comienzo.
Esto no tiene necesariamente que ver con una fiesta
comunitaria de moral social positiva o predominante,
o con algún tipo de rechazo devliniano de la moral
crítica como subversión del Derecho y del orden[42].

Desde la perspectiva de la teoría del discurso, las
instituciones públicas adquieren una dimensión ontológica y normativa independiente. Dejan de ser,
como en el caso del iusnaturalismo "excluyente",
la derivación de requerimientos o algún principio
normativo básico, y tampoco deben ser vistos como
hechos brutos (*brute facts*) meramente. Son un dominio existencial, independiente, caracterizado por
dos rasgos y nociones fundamentales: racionalidad
comunicativa y reglas constitutivas.

Los requerimientos morales tienen sentido aquí solo
en un marco de acciones sociales que no son resultado de ellos. Los imperativos categóricos son sobre
todo reglas regulativas, esto es, reglas que prescriben

---

[42] Recuérdese Patrick Devlin. *The Enforcement of Morality*, Oxford,
Oxford University Press, 1959.

un modo de conducta que no es lógicamente dependiente de las reglas mismas. Sin embargo, una forma de vida, una vida en sociedad, o, si se quiere, una vida humana plena no puede desarrollarse siguiendo exclusivamente reglas regulativas pues estas no pueden dar sentido especial o adscribir significado a hechos, objetos o acciones. Una prohibición o un mandato pueden tener sentido únicamente si actuamos en un contexto social significativo. Esto es posible, además, solo mediante una racionalidad (y una antropología) según la cual el agente no es sólo un sujeto dirigido por necesidades privadas, sino que es compañero, amigo, amante, ciudadano, en definitiva, como un ser humano completo para quien el sentido prevalece sobre el placer.

La significación de mandatos y prescripciones es posible siempre que existan reglas por las que el cambio, nuevos modos de conducta puedan producirse. Es por este motivo que en los sistemas jurídicos desarrollados H. L. A. Hart introduce reglas secundarias al margen de las reglas primarias que imponen obligaciones[43]. En breve: "las reglas que inhabilitan" sólo tienen sentido si hay "reglas que habilitan", no únicamente prescripciones morales categóricas, por ejemplo, reglas que "proyectan" e "inventan" formas de vida comunal o tipos de acciones dentro de una vida comunal. Todo esto no se puede extraer o inferir

---

[43] Véase H. L. A. Hart. *The Concept of Law*, Oxford, Clarendon, 1961, pp. 74 y ss.

a partir de un principio normativo o moral básico. Como cuestión de hecho los principios morales básicos adoptan diferentes formas y matices de significado, sin por ello ser degradados a criterios relativos, según la configuración institucional concreta en la cual los compañeros, amigos, amantes y ciudadanos discuten, deliberan y actúan. En esta perspectiva el Derecho será por tanto una empresa permanente, abierta, sin certezas absolutas, pero también alejada de la autoindulgencia o del subjetivismo radical.

No estoy seguro de si las implicaciones ontológicas de las que vengo hablando son del todo compartidas por Robert Alexy. No estoy seguro tampoco de ofrecer una imagen fiel de la teoría social y antropológica de Habermas. Sin embargo, estoy bastante convencido de que la teoría del discurso, en efecto, da lugar al punto de vista de la dimensión social que acabo de esbozar.

IV. DOS PROBLEMAS DEL IUSNATURALISMO:
HACER SITIO (I) A LA CRÍTICA DEL DERECHO (POSITIVO) Y
(II) AL PROCESO LEGISLATIVO CONVENCIONAL Y COLECTIVO

Llegados a este punto, podemos preguntarnos: ¿qué versión de iusnaturalismo, si es el caso, preferimos? ¿La "excluyente" o la "incluyente"? Considero que debemos preferir la versión "incluyente". Y lo considero así por dos razones principales. (i) La primera es porque la versión incluyente del iusnaturalismo puede sortear una objeción importante usualmente utilizada contra el iusnaturalismo en general. Esta objeción es esgrimida, por ejemplo, por H. L. A. Hart. Comentando la defensa que John Finnis hace del Derecho natural clásico, Hart señala que "tiene que explicarse elaboradamente cómo es que frases famosas como la de Tomás de Aquino según la cual 'el Derecho no es otra cosa que la ordenación de la razón para el bien común' es compatible con su afirmación de que 'el Derecho creado por el hombre puede ser justo o injusto'"[44].

Las teorías iusnaturalistas, nos dice Hart, no están capacitadas para articular de modo adecuado la crítica al Derecho positivo. Dado que estas teorías asumen que Derecho válido es equivalente a Derecho justo, su única actitud posible, cuando se enfrentan a un Derecho injusto, será negarle el carácter o cualidad de "Derecho". Pero en esta estrategia, en cualquier caso, argumenta Hart, será una contradicción hablar de Derecho injusto ya que a todo Derecho se le reconoce automáticamente la cualidad de justo. De este modo la crítica al Derecho se torna una empresa imposible o paradójica[45]. Como resultado de lo anterior, el iusnaturalismo bloquea la actitud crítica hacia el Derecho, actitud que juega un papel importante

---

[44] H. L. A. Hart. *Essays in Jurisprudence and Legal Philosophy*, Oxford, Clarendon, 1983, pp. 11-12.

[45] "La crítica moral del Derecho, pensaba [Hart], requiere una forma clara y moralmente neutral de identificar lo que es el Derecho, que no conlleve una presunción de autoridad moral": Thomas Nagel. "The Central Questions", en *London Review of Books*, 2005, p. 13.

para la reforma y mejora del Derecho positivo. El
Derecho natural funcionará al final como una ideología por la cual, cualquiera que sea el *statu quo*, el
Derecho positivo queda legitimado en su conjunto
e incluso en ocasiones celebrado; o como un manifiesto anarquista, de alguna manera "revolucionario",
por el cual el Derecho positivo está condenado a ser
permanentemente injusto.

El iusnaturalismo "incluyente", como se indicó,
evita la objeción de Hart. Dado que no equipara el
Derecho positivo con el Derecho justo, sino solo con
un Derecho que eleva alguna pretensión de justicia, será posible, por un lado, identificar el Derecho
positivo sin recurrir a criterios morales sustantivos
e incluso otorgar validez a aquellas reglas cuya justicia pueda ser controvertida o discutible, mientras
que, por el otro, somete al Derecho y sus reglas a un
juicio normativo fuerte. Simplemente sobre la base
del estándar de pretensión de justicia, uno estaría
habilitado para abordar la cuestión de la justicia del
Derecho positivo sin caer en una *petitio principii* o
en una clara contradicción como parece ser el destino del iusnaturalismo "excluyente". La teoría del
discurso de Alexy y Habermas permite tal solución
en cuanto la fuerte normatividad del Derecho, sus
propios principios materiales, se hacen evidentes y
toman sustantividad sólo en un proceso de deliberación pública, esto es, en el proceso de producción
del Derecho positivo. Aquí es cuando el momento
constitucional adquiere un carácter definicional y
normativo fuerte.

(ii) Esto nos lleva a la segunda razón por la cual el iusnaturalismo "incluyente" es preferible. El iusnaturalismo "excluyente" no concede especial dignidad a la Constitución y a la legislación positiva. A lo más que llega es a reconceptualizar la Constitución como depositaria de principios morales supremos, sin tener en cuenta el *momento* constitucional o fundacional, esto es, el hecho de que la Constitución es un proceso especial de auto-gobierno y auto-legislación de una comunidad, la cual de esta manera se constituye a sí misma. Para el iusnaturalismo "excluyente", la Constitución se reconfigura en términos de mero "constitucionalismo", y este se reinterpreta como un imperio de la ley sustantivo, el gobierno de principios morales específicos sobre la vida comunal. En este sentido, a veces se relaciona con una idea fuerte de control judicial de la ley, cuando los tribunales o el poder judicial están creados para ejercer de guardianes de los principios morales supremos. Beyleveld y Brownsword afirman que los jueces no están obligados "a las reglas *de facto* básicas de la política (cualesquiera que estas reglas fundamentales sean)"[46], de modo que un tribunal constitucional sería competente para revisar la misma Constitución positiva[47].

El resultado final de esta aproximación podría ser una especie de platonismo normativo, un gobierno

---

[46] Beyleveld y Brownsword. *Law as Moral Judgment*, cit., p. 312.
[47] Ibíd., p. 311.

de filósofos que tienen acceso privilegiado a la verdad moral. En otras ocasiones esta verdad es aún vista como tan difícil de entender y soportar que se recomienda que no debe propagarse. Tal parece ser la posición de Leo Strauss. Los filósofos tendrían que comprometerse con el arte del sutil engaño y confiar en sólidos y bien parecidos caballeros, *gentlemen*; y tendrían que mentir para imponer sus principios morales a una masa de gente que no sabe hacer otra cosa sino estropear la sabiduría filosófica[48].

El iusnaturalismo "incluyente", según el cual la verdad moral no es materia de un conocimiento filosófico sino de un debate público y deliberativo, no tendrá ninguna de esas inquietantes repercusiones. Para el iusnaturalismo "incluyente", el constitucionalismo es mucho más que el imperio de la ley y está estrechamente vinculado con el momento constituyente como proceso legislativo especial de una comunidad que está en busca de su propia identidad política. El iusnaturalismo "excluyente" es tendencialmente "monárquico", si lo que cuenta respecto a los regímenes políticos es que sus leyes deban ser justas y no que deban ser aprobadas por

---

[48] Véase Leo Strauss. *Liberalism Ancient & Modern*, New York, Basic Books, 1968, cap. II; y cfr. Alan Bloom. *The Closing of American Mind*, New York, Simon and Schuster, 1987, p. 279: "Y así los filósofos se comprometieron en el sutil arte del engaño [...]. Por consiguiente, los filósofos se aliaron con los caballeros, siéndoles útiles, no rebelándose contra ellos, fortaleciendo su gentileza y franqueza mediante la reforma de su educación".

quienes están llamados a acatarlas[49], o de lo contrario es anárquico, cuando todos los ciudadanos
tienen el estatus de reyes filósofos que, en última
instancia, pueden actuar sin consultar a los demás.
Contrariamente, el iusnaturalismo "incluyente" es
profundamente republicano, en el sentido de que
toma a la democracia como el régimen más apropiado para la deliberación y la interacción pública
que son la esencia del Derecho.

Incluso si los agentes en una comunidad política
estuvieran todos de acuerdo con el PCG o con cualquier
otro principio moral supremo, como ciudadanos ne-
cesitarían un momento o una situación pública para
expresar su compromiso. Sería necesario un marco
institucional en el cual y por el cual los agentes puedan reunirse, intercambiar puntos de vista, discutir
el principio moral supremo, su interpretación y su
alcance, llegar a un acuerdo y comprometerse recíproca y colectivamente a seguir tal acuerdo. Sin ese
espacio público los agentes simplemente *no sabrían*
que universalmente siguen el mismo principio y que
se comprometen a hacerlo. Aun cuando los ciudadanos estén personal e individualmente comprometidos
con el principio moral supremo, el "problema externo de la autoridad" –por adoptar la terminología
utilizada por Beyleveld y Brownsword– todavía está
por resolverse. Para tal propósito, "la necesidad dia-

---

[49] Robert George. *The Clash of Orthodoxies: Law, Religion, and Morality in Crisis*, Wilmington, ISI Books, 2001, p. 198.

léctica" del PCG no es suficiente, desde el momento en que, como hemos visto, este tipo de necesidad puede solamente sostenerse para el sujeto que lo afirma. De hecho, se basa en una perspectiva de primera persona, que no requiere la aprobación desde el punto de vista de los interlocutores. La reciprocidad y el reconocimiento universal del acuerdo por todas las partes interesadas no pueden simplemente inferirse lógicamente de una actitud monológica y prudencial. Por ese tipo de actitud, difícilmente uno puede esperar justificar la autoridad o el poder ejercido sobre *otros*, que están limitados por siempre a un punto de vista en segunda persona. Cuando el "problema externo de la autoridad" surge, y surge inevitablemente cuando preguntamos sobre el Derecho a seguir, no puede ser tratado simplemente con referencia a la necesidad intrínseca, sea lógica o "dialéctica", de un principio moral supremo. Los interesados deben, en principio, ser capaces de plantear preguntas y que sean respondidas, deben ser capaces de formular pretensiones y que sean satisfechas, deben ser capaces de llegar a acuerdos, pero también, y de modo más básico, de no estar de acuerdo.

V. Coda: Reconciliando las versiones "excluyente" e "incluyente" del positivismo jurídico

Quisiera concluir con una pequeña coda y volver una vez más a las versiones "excluyente" e "incluyente" del positivismo jurídico. Creo que las deficiencias mostradas por ambos enfoques aportarán un argu-

mento nuevo y, en cierto sentido, paradójico en apoyo
al iusnaturalismo "incluyente".

Como vimos, el iuspositivismo "incluyente" acepta que el Derecho puede incluir principios morales
en sus fuentes. Sin embargo esto se considera una
cuestión contingente o de elección. No hay ninguna
necesidad de que la moral –sostienen los positivistas "incluyentes"– cubra o se incorpore a las fuentes
jurídico-positivas. En cualquier caso, cuando la moral
se introduce al sistema jurídico es sólo mediante un
hecho social, y dicha incorporación no va a alterar el
enfoque descriptivo o neutral propio del positivismo.
La evaluación del Derecho sigue siendo una cuestión
estrictamente descriptiva, de enunciados teoréticos.

Se puede objetar que el problema en la estrategia
del positivismo jurídico "incluyente" es que no toma
los principios en serio. Una vez que los principios se
aceptan como parte de la regla de reconocimiento, en
las fuentes del Derecho, y dado que son estándares
generales que requieren ser concretados y pondera-
dos para ser operativos, los ciudadanos y juristas tienen que incursionar en un proceso de razonamiento
moral, si es que quieren dar a dichos principios un
contenido más determinado. El razonamiento jurídico, en el sentido de estimación de una regla jurídica
válida, no es suficiente aquí. La estimación de que
ciertos principios figuran en la regla de reconocimiento es solamente un paso preliminar. En esta etapa
todavía no sabemos qué contenidos precisos tendrán
estos principios en relación al caso en concreto. Para
dar contenido a los principios, no obstante, tenemos

que combinarlos, balancearlos o "pesarlos" frente a otros, en un ejercicio de argumentación moral. Necesitamos reconstruir lo que los principios dicen de acuerdo con la teoría que mejor los justifique. Tenemos que reproducir los argumentos a favor de ellos, rastrear otros principios relevantes y construir un esquema más o menos coherente. Pero si esto es así, ya no habrá más espacio para la tesis de que el Derecho en general es una práctica desligada o ajena a la moralidad y que su evaluación es una cuestión puramente teorética.

El positivista "incluyente" podrá replicar que aun si el Derecho está generalmente relacionado con la moralidad, ello es una cuestión contingente, dependiente de lo que unas "fuentes jurídicas" dadas digan y permitan. Sin embargo, una vez que los principios morales son "acogidos" entre las fuentes del Derecho, la empresa jurídica no puede simplemente ser "teorética": el positivismo como metodología descriptiva y neutral dejará de funcionar. Los principios morales como "conceptos" a evaluar necesitan referirse a "concepciones", las cuales son consideraciones normativas (morales) fuertes. El positivismo "incluyente" probablemente descubrirá que no puede permitirse el lujo de ser iuspositivista por más tiempo.

Si para ser operativo el razonamiento jurídico necesita del razonamiento moral, entonces existe una conexión necesaria entre Derecho y moral. El positivismo jurídico "excluyente" (en la versión ofrecida por Joseph Raz) así lo reconoce. El razonamiento jurídico y el razonamiento moral están vinculados entre sí. Raz es bastante claro a este respecto. Uno podría esperar entonces el desarrollo de un concepto no-positivista del Derecho. Sorprendentemente lo que ocurre es todo lo contrario. Raz mantiene un fuerte enfoque iuspositivista. Su argumento es el siguiente. Para él, el razonamiento jurídico está en alguna medida necesariamente relacionado con el razonamiento moral: "el razonamiento jurídico es un ejemplo de razonamiento moral"[50]. Sin embargo el razonamiento jurídico, agrega a continuación, no tiene nada que ver o tiene que ver muy poco con el Derecho y su "naturaleza", que no se refleja en el razonamiento jurídico como un todo sino sólo en un tipo especial de razones utilizadas por abogados y jueces: "las consideraciones autoritativas positivas". Por lo tanto, una teoría de la decisión judicial debe distinguirse cuidadosamente de una teoría sobre la naturaleza del Derecho. La primera es "una teoría moral"[51], mientras que la segunda puede ser puramente descriptiva[52]. Raz cree que "la naturaleza del Derecho" es independiente de la práctica jurídica, y por lo tanto independiente del punto de vista interno,

---

[50] Joseph Raz. *Ethics in the Public Domain*, Oxford, Clarendon, 1994, p. 341.

[51] Ibíd., p. 209.

[52] En palabras de Nagel, "el proceso de deliberación judicial puede incluir razonamiento moral; el proceso de descubrimiento de qué sea Derecho, no": Thomas Nagel. "Raz on Liberty and Law", en *Concealement and Exposure and Other Essays*, Oxford, Oxford University Press, 2002, p. 139.

esto es, del punto de vista de jueces, abogados, funcionarios, o de los ciudadanos que utilizan y aplican el Derecho. De esta manera es posible una vez más defender la posición de que el Derecho (la "naturaleza del Derecho", *the nature of law*) y la moralidad son dos ámbitos desconectados.

Sin embargo, para justificar su tesis Raz tiene que pagar un precio muy alto: tiene que repudiar el enfoque metodológico de Hart, según el cual el Derecho solo puede entenderse desde el punto de vista interno, desde la postura del participante, la que toman los juristas profesionales, y por la cual el estudio del Derecho tiene una base hermenéutica. "Hay algo inherentemente implausible", afirma, "en la adopción de la perspectiva del operador jurídico como nuestra postura metodológica fundamental"[53]. Para seguir siendo positivista, Raz tiene que adoptar una posición pre-hartiana, esto es, a final de cuentas, un punto de vista externo, aplicable a hechos brutos, regularidades y objetos inanimados.

No obstante, para identificar un sistema jurídico como tal, y eventualmente distinguir entre sistemas jurídicos diferentes, necesitamos hacer referencia al razonamiento de aquellos actores que usan la regla de reconocimiento. Desde un punto de vista externo, solamente podemos observar regularidades de conducta. La "naturaleza del Derecho" de Raz no

---

[53] Raz. *Ethics in the Public Domain*, cit., p. 203.

permitiría a un observador evaluar qué es y qué no es Derecho válido. O bien podría autorizar la evaluación de un sistema jurídico que, no obstante corresponder a regularidades externas, sería de hecho inexistente porque sería desconocido desde el punto de vista del participante[54].

Un jurista de corte iusnaturalista "incluyente" sería capaz de combinar provechosamente las ideas más plausibles y prometedoras del positivismo jurídico "incluyente" y del "excluyente". Del positivismo "incluyente" aceptaría la idea de que los principios morales pueden desempeñar un papel en la regla de reconocimiento y en la definición de qué es lo que un Derecho positivo concreto requiere. Del positivismo "excluyente" podría aceptar que el razonamiento jurídico se refiere necesariamente a un razonamiento moral, que su autonomía está limitada. Tomadas en conjunto, de estas dos tesis fundamentales emergerá algo muy cercano al enfoque que he propuesto llamar iusnaturalismo "incluyente". Podríamos concluir que, paradójicamente, sólo por medio del iusnaturalismo (en su modelo "incluyente") es que tendríamos éxito en la empresa de reconducir a un conjunto teórico plausible y coherente el positivismo jurídico en sus versiones "excluyente" e "incluyente".

---

[54] Esta dificultad fue puesta de manifiesto por el propio RAZ en uno de sus primeros trabajos: véase JOSEPH RAZ. *Practical Reason and Norms*, 2.ª ed., Princeton, Princeton University Press, 1990, pp. 125-126.

Dicho de otra manera: de las contradicciones y ten-
siones del iuspositivismo, que se hacen evidentes en
la controversia entre sus dos corrientes "incluyente"
y "excluyente", se puede salir con la ayuda de una
perspectiva iusnaturalista "incluyente".

CAPÍTULO TERCERO

IUSNATURALISMO, POSITIVISMO JURÍDICO Y EL LUGAR DEL DERECHO COMO INSTITUCIÓN*

I. PRELIMINARES

Un tema fundamental para la teoría y la filosofía del Derecho es tanto la distinción como la controversia entre iusnaturalismo y positivismo jurídico. El tema es fundamental porque lo que está en juego aquí es el concepto de Derecho, es decir, lo que es el Derecho, su naturaleza. Efectivamente, se trata de un problema que difícilmente puede pasar por alto quien quiera comenzar una reflexión teórica sobre el Derecho. Se trata, sin embargo, de una cuestión relevante para la práctica del Derecho, para saber lo que es el Derecho aplicable. Pero, ¿por qué un problema conceptual debe interesar a abogados y estudiantes de Derecho y no mantenerse como una mera disputa escolástica entre filósofos? ¿Por qué deberíamos embarcarnos en los pormenores de una discusión que quizás no parece tener mucha relevancia para casos o asuntos jurídicos concretos?

---

* Traducción de Francisco M. Mora Sifuentes.

Para intentar dar respuesta a esos interrogantes
hay que destacar, en primer lugar, una peculiaridad
de la práctica jurídica. Dicha peculiaridad no es otra
sino que la práctica jurídica busca, y a menudo está
determinada, o guiada por, una definición de lo que
el Derecho es (aunque ello se haga normalmente en
referencia a un asunto en particular). La gente ha
estudiado y estudia Derecho para ganarse la vida
asesorando o resolviendo casos a propósito de qué
es el Derecho. Pero qué es el Derecho, es materia
de controversia. Incluso puede decirse que un caso
jurídico es en cierta medida una "lucha" a propósito
de qué es el Derecho y de lo que debe declararse
como jurídico.

Es más, la realidad a la que el Derecho define no es
como la de un trozo de materia, una realidad palpable
–como sería una piedra–. No es un "hecho bruto", como
lo sería una tormenta o un terremoto. La realidad a
la que el Derecho define es, por así decir, inmaterial.
Concretamente, en el Derecho lo jurídico es efectivamente una cuestión de lo que el Derecho debe ser. El
Derecho es su normatividad. Está hecho –por decirlo
de alguna manera– de normatividad.

Ahora bien, la normatividad no se identifica o des-
cubre fácilmente. La gente necesita de algún modo
ponerse de acuerdo a propósito de la misma. No está
"allí fuera", sino que necesita corroborarse, apro-
barse; depende de lo que la gente argumente y crea.
Al final, el Derecho en parte depende de lo que la
gente sostiene y juzga que es. El Derecho existe *sin
verdad*, es cierto; si esto quiere decir que un enunciado

normativo, la prohibición de fumar en los edificios públicos, por ejemplo, no puede ser verdadera en el sentido de ser verificable empíricamente, y su validez no depende por lo tanto de su verdad. Pero hay una verdad en el Derecho sin verdad, y es que el mismo no es cuestión de decisión. Es cuestión de discurso. En este sentido, y quizá sólo en este, podemos decir que el Derecho es "auto-referente"[1]. Si asumimos esta postura fenomenológica frente al Derecho en la búsqueda o lucha por su definición, podremos apreciar la controversia entre el iusnaturalismo y el positivismo jurídico no únicamente como una disputa entre filósofos del Derecho aislados en su torre de marfil o encerrados en los Departamentos de Filosofía, sino también como un tema que atañe a abogados, litigantes y jueces.

"Cualquier lectura del Derecho es una explicación del Derecho"[2]. Este es un punto de vista confirmado por la práctica. Pero si el Derecho es en algún sentido su definición, es plausible derivar de ello que el Derecho es su filosofía. El Derecho es una filosofía del Derecho y, a pesar de ello, no es sólo cuestión de interpretación. Sin embargo, si existe alguna "esencia"

---

[1] Al decir esto no necesitamos adherirnos a la barroca metafísica jurídica ofrecida por NIKLAS LUHMANN. Véase, p. ej., su *Das Recht der Gessellschaft*, Frankfurt a. M., Suhrkamp, 1993. A este respecto cfr. MASSIMO LA TORRE. "Rules, institutions, transformations. Considerations on the 'Evolution of Law' Paradigm", en *Ratio Juris*, n.º 10, 1997, pp. 316-350.

[2] MICHAEL OAKESHOTT. "The concept of a Philosophical Jurisprudence", en *Politica*, septiembre de 1938, p. 204.

o "naturaleza" del Derecho, uno de sus elementos
sería su propia interpretación.

II. Iusnaturalismo y positivismo jurídico

Comencemos con una breve explicación o interpretación de la contraposición entre iusnaturalismo y
positivismo jurídico. Podemos interpretarla en al
menos tres formas distintas.

(i) En una primera interpretación el Derecho natural es un conjunto de reglas independiente de la voluntad humana que sirve como punto de contraste
para el Derecho positivo (que es el único Derecho
posible según el positivismo jurídico), entendido
este último como prescripciones que dependen completamente de la voluntad humana. Aquí la distinción entre ambos es equivalente a la distinción entre
Derecho premoderno (iusnaturalismo) y Derecho
moderno (positivismo jurídico). "En la era moderna
–dice Hannah Arendt– se considera que la verdad
no viene dada ni revelada sino producida por la
mente humana"[3]. Es decir, nosotros no recibimos de
modo pasivo la verdad sino que la creamos. *Verum
est factum* –para decirlo según la famosa fórmula de
Giambattista Vico–. Así, lo "verdadero" puede pre-
dicarse únicamente de proposiciones concernientes a
entidades que los humanos somos capaces de fabri-

---

[3] Hannah Arendt. "Truth and Politics", en *Between Past and Future*,
J. Kohn (ed.), London, Routledge, 2006, p. 226.

car. De ahí que no estemos en condición de predicar verdad alguna de aquello que no produzcamos. Una creencia, por otro lado, se experimenta como voluntad para creer. Lo "verdadero" en algún sentido es lo que creemos y deseamos que sea verdadero. De hecho, desde esta perspectiva la realidad misma es cuestión de voluntad. *"Das Sein des Seienden erscheint in der neuzeitlichen Metaphysik als der Wille"*[4] –tal y como decía Martin Heidegger–.

Ahora bien, si este es el punto de vista paradigmático de la era moderna entonces su "verdadero" Derecho no puede ser sino Derecho "positivo", esto es, aquel que haya sido creado por seres humanos. En esta línea, todo Derecho que tenga la cualidad de verdadero se identifica con el de hechura humana. Que una norma jurídica sea creada es materia de decisión o voluntad. Por este motivo, unas normas como las del Derecho natural que no somos capaces de producir, que no son asunto de la voluntad humana, o que no podemos someter a nuestra decisión, difícilmente pueden considerarse como el Derecho de la modernidad.

(ii) La segunda manera de dar forma a tal distinción es concebir al Derecho natural como un Derecho justificado por, y válido en, una situación especial (normalmente pensada no como situación "histórica",

---

[4] Martin Heidegger. *Was heisst Denken?*, Tübingen, Niemeyer, 1954, p. 77 [trad.: "En la metafísica moderna el ser del ente aparece como voluntad"].

sino más bien "hipotética"), el *estado de naturaleza*; mientras que el Derecho positivo es un cuerpo de reglas que nosotros producimos una vez que acordamos (por medio de un contrato social) abandonar dicho estado de naturaleza para entrar en una sociedad o estado civil. Históricamente (en la historia de las ideas) se ha considerado que el positivismo jurídico deriva del "contractualismo", doctrina que enfatiza la deliberación contractual como el momento constitucional de un cuerpo político. Una vez más, un "contrato" es algo que los seres humanos crean, "fabrican"; es un modelo artificial utilizado para reconstruir y hacer explícitas las exigencias normativas de las instituciones políticas.

El "contractualismo" puede considerarse efectivamente una especie de teoría moral y política *constructivista*. Suele adoptar una forma débil o una fuerte respecto a su poder o fuerza "reemplazante" (*preemptive*). En un modelo fuerte, el momento contractual es la mayor exigencia que se deriva del Derecho natural, y las normas positivas –que son el resultado de dicho momento contractual– reemplazan completamente las disposiciones del Derecho natural, o casi por completo, derogándolas o sustituyéndolas. Podría ser esta la versión que nos propone Thomas Hobbes. En un modelo menos fuerte, los contratos son una vía para proyectar las exigencias del Derecho natural en el nuevo estado civil, y las reglas positivas son una especie de "representaciones" que proyectan o reflejan las reglas del Derecho natural. Respecto de estas últimas, las normas positivas mantienen una fuerza derogatoria moderada; misma que, sin embargo, se pierde una vez que se traspasa cierto umbral más o menos elevado. Podría decirse que esta es la versión presentada por John Locke.

(iii) La tercera posibilidad consiste en entender al Derecho natural como una teoría que conecta el razonamiento jurídico con el razonamiento moral; mientras que el positivismo jurídico, por el contrario, insiste en la autonomía o autosuficiencia del razonamiento jurídico. Dicho en otros términos: el iusnaturalismo es una definición de lo jurídico que recurre a algún concepto moral, mientras que el positivismo jurídico es una teoría del Derecho que pretende ser adecuada sin hacer referencia alguna a la moralidad. En la última forma de concebir dicha posibilidad, no es tanto el razonamiento jurídico sino la definición misma del Derecho lo que está vinculado al razonamiento moral. Esta es la versión, podríamos decir, ofrecida por el pensamiento tomista o neotomista. Contra esta posibilidad, el positivista arguye que la mera identificación de una regla como Derecho positivo no implica todavía ninguna obligación o deber de seguir esa regla particular (según el positivismo "descriptivo" o "metodológico").

Desde este punto de vista, desde este tercer tipo de iusnaturalismo, el Derecho descansa *implícitamente* en una genuina fuente de normatividad. Sin embargo, alguna pequeña parte de Derecho implícito es reconocida incluso por los defensores del positivismo más ferviente. En este punto, no obstante, pueden apreciarse algunas excepciones radicales que en algún sentido revelan el núcleo decisionista del positivismo jurídico. Por ejemplo, el último Kelsen, contra sus convicciones previas, terminó negando la validez de reglas lógicamente implícitas en el Derecho positivo[5]. Pese a ello, los juristas por lo general reconocen o dan por hecho la existencia de un gran número de reglas implícitas; por ejemplo, las relativas a la gramática o a la corrección lingüística. La mayoría de los positivistas jurídicos reconocen la existencia de elementos o partes de Derecho implícito, por lo que esto no es la cuestión importante. Lo relevante no tiene que ver, pues, con la naturaleza o carácter implícito de algunas reglas, ni tampoco con su posible derivación de un hipotético contrato social. Aquí lo realmente importante es si podemos acudir o no al razonamiento moral con la finalidad de "colorear" dicha regla –por así decirlo– al momento de aplicarla a un caso concreto. La relación entre justicia y validez jurídica es algo que siempre está presente ante los ojos del ciudadano, y del abogado, y es precisamente aquí en donde la contraposición entre iusnaturalismo y positivismo jurídico marca una diferencia para la práctica jurídica.

III. Cuatro tipos de definición

En términos generales, pueden identificarse por lo menos cuatro tipos de definición del Derecho. Esas

---

[5] Hans Kelsen. *Allgemeine Theorie der Normen*, Wien, Manz, 1978.

definiciones son (i) las estructurales, (ii) las funcionales, (iii) las ontológicas y (iv) las normativas. Voy a dejar de lado aquí la espinosa polémica de la alternativa entre definiciones "nominales" y "reales". No obstante, una definición interesante desde el punto de vista epistémico, es decir, una definición que pretende alguna dosis de validez intersubjetiva, difícilmente puede ser meramente nominal o "estipulativa". En una argumentación en la que se tenga alguna pretensión de verdad o de poder explicativo, una definición no puede ser simplemente cuestión de decisión o de estipulación subjetiva, sin esperar ser también apropiada a su objeto, que de todas maneras es "algo" que se da fuera de la definición ya que esta tiene por necesidad una *dirección*, una "intención". Y una definición "lexical" para explicar cualquier "objeto" que quiera tratarse, está todavía abierta a una determinación completa; en realidad necesita una (implícita) referencia "realista", por ejemplo el reconocimiento de aquellos tratos o caracteres que delimitan el número de los usos lingüísticos que se examinen. Una definición "explicativa" o "reconstructiva" por lo tanto, si quiere ponerse a prueba por medio de su aceptabilidad general, deberá reducir drásticamente sus elementos "estipulativos".

Se puede asumir entonces que una definición es un intento de aproximarse a, o rendir cuenta de, la "realidad" de su objeto. Pero esta asunción no nos tiene que llevar necesariamente a adoptar una estrategia "esencialista" al momento de elaborarla. Podemos discutir que parte de la realidad de ese "objeto" de la definición viene determinada por la interacción y la controversia que tiene lugar en el propio debate que se suscita al elaborarla; sin que ello signifique tampoco que lo anterior sea un puro juego decisionista subjetivo. Podemos por ejemplo presentar el concepto de Derecho como "esencialmente controvertido" y sin embargo defender que esta no es una definición estipulativa.

Ahora bien, una definición o teoría *estructural* del Derecho es un punto de vista según el cual el Derecho puede conocerse o reconocerse por medio de la forma o molde de sus componentes (p. ej., por medio de la estructura lógica de las reglas) y / o mediante la forma en que se conectan o interrelacionan esos componentes entre sí. El ejemplo paradigmático de este tipo de aproximación o intento definicional es el de Hans Kelsen y su visión del sistema jurídico como una estructura jerárquica, *Stufenbau*, de "juicios hipotéticos" concernientes a la aplicación de sanciones[6]; así como la teoría de Herbert Hart del sistema jurídico como la combinación de reglas que imponen obligaciones y de reglas que adscriben poderes. Es decir, como la unión de reglas "primarias" y "secundarias"[7] –las primeras están dirigidas a los ciudadanos mientras que estas últimas precisan del cumplimiento de los

---

[6]   El *locus classicus* de este punto de vista es el manifiesto positivista de HANS KELSEN. *Reine Rechtslehre*, 1.ª ed., Wien, 1934.

[7]   H. L. A. HART. *The Concept of Law*, Oxford, Clarendon Press, 1961, caps. III y IV.

funcionarios–, todas ellas reconocidas como jurídicas mediante su referencia a una "regla de reconocimiento". Así el Derecho sería fundamentalmente una cadena estructurada de mandatos o bien un certificado a propósito de su procedencia o *pedigree*.

Una definición *funcional* del Derecho es aquella según la cual el Derecho es identificado o conocido mediante una función especial a satisfacer; o bien mediante una finalidad a perseguir, sin que la misma, sin embargo, se propugne desde un punto de vista moral. Ejemplos de este tipo de aproximación son, por ejemplo, la teoría del Derecho de Karl Llewellyn, del Derecho como una suma de "trabajos jurídicos"; o la postura de Lon L. Fuller, del Derecho como la "empresa de sujetar la conducta humana a reglas"; y, en general, todas aquellas teorías que conciben el Derecho como mecanismo para la resolución de conflictos[8].

Una definición que pretenda determinar el Derecho como "cosa" o "entidad" especial, o que tiene la ambición de determinar la condición necesaria y suficiente para el manifestarse del fenómeno Derecho, puede llamarse *ontológica*. Como ejemplos de este tipo de aproximación pueden mencionarse la teoría de la "naturaleza" del Derecho[9] de Joseph Raz

---

[8] Karl Llewellyn. *The Bramble Bush*, New York, Oceana Publications, 1939, p. 13.

[9] Véase Joseph Raz. *Between Authority and Interpretation*, Oxford, Oxford University Press, 2009, pp. 91 y ss.

o quizás algunos intentos de considerar el Derecho como "institución", entendido y pensado como una dimensión especial de la realidad social[10].

Una definición *normativa* es aquella de conformidad con la cual el Derecho se identifica o reconoce por medio de un criterio normativo, esto es, mediante una especie de punto de vista evaluativo o de deber ser. Aquí debemos distinguir entre definiciones normativas (i) *fuertes* y (ii) *débiles*. Una definición normativa fuerte es aquella según la cual el Derecho es identificado por medio de un potente criterio normativo, es decir, por medio de su correspondencia con una teoría moral comprehensiva que se considera, asimismo, justificada o incluso verdadera. En la versión fuerte de este tipo de definición normativa la idea fundamental es que al menos un puñado de reglas fundamentales están completamente justificadas y se identifican como derivaciones de los primeros principios morales o bienes básicos. Aquí –utilizando las palabras de Deryck Beyleveld y Roger Brownsword– "el Derecho se define como una norma según la cual hay un derecho moral que justifica su imposición"[11].

Otro caso de definición normativa "fuerte" sería aquella que reconecta la finalidad, el rol o la función que, se dice, el Derecho está llamado a cumplir con la

---

[10] Véase, p. ej., Neil MacCormick y Ota Weinberger. *An Institutional Theory of Law*, Dordrecht, Reidel, 1985.

[11] Derick Beyleveld y Robert Brownsword. *Law as Moral Judgment*, 2.ª ed., Sheffield, Sheffield Academic Press, 1994, p. 160.

noción de un bien moral definido ya sustantivamen-
te[12]. Desde este enfoque una "función" se considera
inherente al Derecho en la medida en que es un bien
intrínseco o evidente, como por ejemplo la vida humana, la autonomía, el "bien común" o incluso –como
dice John Finnis– la "religión".

Una definición normativa débil sería aquella según
la cual el Derecho es identificable mediante un requisito normativo débil, esto es, mediante una pretensión
de corrección que está pendiente de justificación por
medio de una teoría moral completa o comprehensiva. Una teoría moral completa es (a) una teoría que se
asume como justificada y (b) una teoría que es capaz
de ofrecer una solución de fondo y una directiva sustantiva sin que sea necesario adicionarle momento
deliberativo alguno. Para un enfoque definicional
normativo débil siempre es significativo afirmar una
proposición jurídica como verdadera sin tener aún
la confirmación de su compatibilidad con principios
morales[13]. Lo que se precisa únicamente es que esa

---

[12] "Si el Derecho es funcional, entonces necesariamente sirve a un
bien y, por tanto, el Derecho necesariamente está en este sentido
conectado a la moralidad": MICHAEL S. MOORE. "Law as Functional
Kind", en R. P. GEORGE (ed.). *Natural Law Theory. Contemporary
Essays*, Oxford, Oxford University Press, 1998, p. 221.

[13] La propuesta de ROBERT ALEXY puede tenerse como un ejemplo
de una definición normativa débil: "El Derecho es un sistema de
normas que (1) eleva una pretensión de corrección, (2) integra-
do por la totalidad de normas que pertenecen a una constitución
socialmente eficaces por lo general y que no son extremadamente
injustas en sí mismas […], (3) comprende los principios y otros

proposición jurídica se pretenda moralmente verdadera. En la aproximación definicional fuerte, por el
contrario, la verdad moral de la proposición jurídica
es una condición necesaria para considerarse o no
como Derecho.

IV. Tres "puntos de vista": externo, interno y ultraexterno

Existen al menos tres perspectivas o puntos de vista
básicos desde los que se puede apreciar una práctica
(social). (i) El primero es el punto de vista *externo*,
que se ocupa de regularidades y de la causalidad de
los hechos. Desde este punto de vista la conducta
humana no está reglada sino por las mismas causas
que dirigen todos los demás acontecimientos del
mundo sensible. No hay crítica posible dentro de
este mundo. Las cosas acontecen como deben, y no
pueden darse sino como se han dado. Aquí no hay
reglas, sino solo regularidades. No hay razones, y
quizás ni siquiera motivos de la conducta, sino solo
causas. Tampoco puede haber interpretación, sino
solo registro de hechos, ya que estos últimos no tienen
un sentido que sea distinguible de su causalidad o
probabilidad.

---

argumentos normativos sobre los que los procedimientos de
creación de aplicación del derecho son y/o deben fundamentarse
a fin de satisfacer la pretensión de corrección": Robert Alexy.
The Argument from Injustice. A Reply to Legal Positivism, Oxford,
Oxford University Press, 2002, p. 127.

(ii) El punto de vista *interno*, por su parte, trata de reglas, no de regularidades, así como no de causalidad, sino de sentido (que podríamos denominar "normatividad débil"). Un hecho, para registrarlo y entenderlo, en primer lugar hay que interpretarlo según un criterio que es el mismo por el cual el hecho se ha dado. Podemos distinguir, asimismo, entre un punto de vista interno "cognitivo" y otro "normativo". El punto de vista interno cognitivo no implica que quien adopta dicha perspectiva se adhiere o deba adherirse a los valores que expresan las normas en cuestión. El punto de vista interno normativo o evaluativo –por el contrario– presupone que los valores que expresan la regla en cuestión son asumidos por la persona que adopta dicha perspectiva.

La diferencia entre las versiones "fuerte" y "débil" de normatividad se centra en los distintos tipos de crítica que justificaría su respectiva violación. En el caso de la normatividad débil su violación es objetable, pero la misma no supone criticar la integridad moral del sujeto. Por el contrario, en el caso de la normatividad fuerte la crítica que se formula implica un reproche a la integridad moral del sujeto a quien se imputa la violación. Dicho en otros términos: mientras que en el caso de la normatividad débil puede criticarse la falta de comprensión o de formación, en el ámbito de la normatividad fuerte este tipo de críticas no son aceptables. Si no hablo inglés correctamente, me pueden criticar por mi falta de educación, preparación o comprensión; lo que, sin embargo, no implica una crítica a mi carácter general como persona. Por el contrario, si se me critica porque no cumplo mis promesas, o porque he robado alguna cosa, seré cuestionado no por mi falta de comprensión sino sobre la base de mi descuido moral.

(iii) Un punto de vista *ultraexterno* está referido a obligaciones y justificaciones, es decir, a la normatividad en sentido fuerte. Esta perspectiva no es la que se asume inmediatamente en el punto de vista interno. No es sólo la creencia en la fuerza normativa de la regla. Más bien, es la perspectiva que asumimos una vez que nos preguntamos por las justificaciones de las reglas que hemos tomado como dadas desde el punto de vista interno. Es decir, el punto de vista ultraexterno es una perspectiva altamente reflexiva, *filosófica* –podríamos añadir–; la cual, por un lado, es capaz de discriminar entre conceptos descriptivos y normativos y, por el otro, busca un fundamento para el concepto normativo y para la práctica de lo que es bueno en términos universalizables[14]. Por tanto, aquí "ultraexterno" significa básicamente "contrafáctico".

Existe la necesidad de coordinar todos esos puntos de vista, cuando intentamos afirmar el concepto

---

[14] Tomo esta terminología ("punto de vista ultraexterno") de CARLOS NINO. *Derecho, moral y política. Una revisión de la teoría general del derecho*, Barcelona, Ariel, 1994, pp. 43 y ss. Sin embargo, NINO parece tomar en cuenta este tipo de punto de vista "externo" únicamente como un mecanismo epistemológico sin implicaciones justificatorias, o morales, fuertes.

de Derecho. De hecho, cuando los juristas juzgan la verdad de una proposición jurídica, al final, toman todos estos puntos de vista.

(i) Necesitamos un punto de vista *externo* para comenzar nuestra investigación. Esta afirmación está lejos de ser trivial. Necesitamos *prima facie* una noción más o menos empírica del Derecho para situarnos en tierra firme, esto es, para ubicarnos en el marco de un área específica de investigación. Una perspectiva de tal tipo está relacionada con la precomprensión del fenómeno jurídico que se tiene antes de indagar sus características definitivas. Un punto de vista preinterpretativo da por hecho que el Derecho está "allí fuera" y que puede observarse. Sin embargo, un punto de vista externo explícito debe ir más allá del sentido común en epistemología y construir un modelo explicativo que esté abierto a la verificabilidad y a la falsación.

(ii) Necesitamos un punto de vista *interno cognitivo* para comprender lo que significa la práctica con la que estamos tratando, para comprender su sentido. Precisamos no únicamente registrar el contenido de las reglas sino sobre todo su sentido. De no ser así, no seríamos capaces de entender lo que representa esa acción o conducta guiada por reglas. El ser de una práctica son sus reglas pero también la finalidad del "juego" en cuestión; esto es, de la práctica que se lleva a cabo mediante esas reglas. Es la institución implementada con el seguimiento de dichas reglas, pero también su *"Witz"* (que podríamos llamar –en una clave distinta– su *"idée directrice"*[15]). Para entender lo que es el ajedrez necesito primero conocer y aprender sus reglas, pero también tengo que comprender y aprender lo que es un juego, y así saber qué es lo que hace que el ajedrez no sea un ejemplo de rito religioso. Esto será su *"point"*, su *Witz*, su sentido profundo, que no resulta del contenido de las reglas de la práctica en cuestión.

(ii bis) Necesitamos asumir un punto de vista *interno normativo* o evaluativo, si queremos *actuar* dentro de esa práctica. Por medio del punto de vista interno cognitivo uno comprende la práctica y sus reglas pero todavía no tiene razones para justificarla ni para sentirse constreñido u "obligado" por ellas. Las comprendo como posibles razones para la acción, pero no todavía como razones para la acción válidas o reales para guiar mi conducta. Para dar un paso más allá del significado (y comprensión) de la justificación (y posiblemente su obligación) necesito asumir el punto de vista interno normativo. Tengo que considerar las reglas en cuestión como correctas o justificadas; y por tanto, como directivas vinculantes para mi acción. Sobre todo tengo que justificar el *Witz*, el sentido, de la práctica dentro de la cual me propongo actuar.

(iii) Para completar el tránsito desde la comprensión hasta la justificación y obligación, el punto de vista interno normativo o evaluativo precisa dar un

---

[15] MAURICE HAURIOU. "Aux sources du droit: le pouvoir, l'ordre et la liberté", en *Cahiers de la Nouvelle Journée*, París, 1925.

paso ulterior hacia otro punto de vista que podemos llamar *"ultraexterno"*; se trata de una instancia contrafáctica, el *"reino del deber"* –por llamarlo de algún modo. El punto de vista ultraexterno –creo– puede conceptualizarse como una especie de *"nowhere"*, un punto arquimédico desde el cual evaluar lo que explícitamente se exige hacer según las reglas. El "reino del deber", o punto de vista ultraexterno, se alcanza en cierto sentido de forma "trascendental". No se trata de un ejercicio deductivo desde normas abstractas o de evidencias racionales. Ni es un ejercicio deductivo desde el registro de prácticas individuales. Desde el punto de vista ultraexterno la justificación, o validación, de la práctica va más allá de poner a prueba si esta se ajusta a algún criterio normativo y se define como práctica del seguimiento de reglas. Para su justificación se hace necesario vincularla a un modelo de validez normativa fuerte que puede encontrarse y en algún sentido defenderse de forma independiente de la práctica en cuestión. Una práctica por ejemplo puede juzgarse a partir de su capacidad de respetar criterios morales universalizables: pero estos para justificarse no pueden deducirse o inducirse de la práctica misma (como sucede en el punto de vista interno, sea cognitivo o normativo). Aquí hace falta una perspectiva ulterior de fundación normativa externa, y por lo tanto más fuerte, elaborada según argumentos por los cuales la práctica es una cuestión secundaria y contingente. Llegados a este punto en la argumentación hay que trascender la práctica misma.

V. Conexiones entre los puntos de vista y los tipos de definición

Ahora bien, los cuatro tipos o estrategias de definición del Derecho ensayadas líneas atrás pueden considerarse inextricablemente unidas con los tres puntos de vista ya mencionados. Podemos decir que las *definiciones estructurales* pertenecen al punto de vista externo o al punto de vista interno cognitivo, dependiendo de si se utilizan sobre la base de la noción de regla o no. Si afirmamos que una regla es una parte de la estructura del Derecho, e incluimos en ella la noción de razón para la acción, no podemos eludir la conclusión de que esa regla en tanto razón tiene sentido y puede entenderse únicamente, o principalmente, por alguien que actúa o participa dentro de la práctica; es decir, desde el punto de vista interno relativo a la práctica en cuestión.

Puede decirse entonces que las *definiciones funcionales* se corresponden bien con el punto de vista interno o bien con el externo dependiendo de cómo se conceptualice la idea de "función". Si la misma es vista como sistémica, intrínseca a la práctica, en sentido causal, el punto de vista elegido será uno de tipo externo. Un observador bien podría afirmar la función que se busca, constatando simplemente las cadenas causales de la conducta en cuestión y sus consecuencias empíricas. Ahora bien, si la función es vista como la intención perseguida en la práctica, o el ideal que está implicado en dicha participación, el punto de vista a asumir es uno de tipo interno evaluativo o normativo. Si, por otra parte, la función se considera intrínsecamente conectada a un bien moral o a la moralidad como un todo, la función mencionada a sustentar argumentativamente tendrá que hacer referencia a un punto de vista ultraexterno.

Las *definiciones ontológicas* pertenecerían bien al punto de vista interno o bien al externo dependiendo de la cantidad de práctica que se necesita para comprender la esencia del Derecho. Esta última puede derivarse desde la observación, sin preguntarse por el significado o la efectiva ejemplificación de una práctica; o bien, podría referirse a la práctica como una condición necesaria para su significado.

Las *definiciones normativas*, por otra parte, pertenecen bien al punto de vista externo o bien al punto de vista ultraexterno, dependiendo de cuánta justificación se requiere para que se considere que actúa bajo la guía de una regla o estándar a la que hace referencia el punto de vista normativo. Por ejemplo, podemos definir una regla simplemente como una razón sin implicaciones morales y no obstante dotadas de una suerte de fuerza normativa (como por ejemplo las reglas del lenguaje natural), o como una razón que excluye otras razones y por tanto teniendo una implicación moral; o podemos comprender las reglas como razones que elevan una pretensión de justicia, o como razones en la medida que puedan derivarse de un principio objetivo supremo de justicia.

Es plausible pensar que para tener una idea plena de la complejidad que envuelve a la práctica jurídica se precisa una combinación de los cuatro tipos de

definición. Ninguna de ellas puede pretender por sí
misma considerarse suficiente para la explicación del
Derecho si buscamos un concepto que sea apropiado
o iluminador; no obstante, los conceptos ontológi-
cos y los normativos parecen ser los más básicos. De
ahí que decir que necesitamos una combinación de
los cuatro tipos de definición sea equivalente a decir
que necesitamos acudir a una definición normativa
con una base o sustento ontológico; o si se prefiere,
necesitamos complementar la definición ontológica
con alguna referencia a la normatividad. Esto parece
especialmente plausible cuando el objeto a explicar y
definir es el Derecho; toda vez que el mismo plantea
la pretensión de ser vinculante para la conducta de
funcionarios y ciudadanos.

De hecho, una definición normativa no excluye los
demás tipos de definición si la misma pretende únicamente ser el último paso en la empresa definicional.
Tomemos por caso la aproximación propuesta por
el profesor Ronald Dworkin para definir el Derecho.
Él considera que la definición del Derecho puede
hacerse destacando dos dimensiones especiales de
la práctica jurídica en una suerte de interpretación
constructiva. Se trata de dos pasos en la interpretación
llamados respectivamente (i) ajuste (*fit*) y (ii) justificación (*justification*)[16]. El "ajuste" es la correspondencia

[16] Véase RONALD DWORKIN. *Law's Empire*, London, Fontana Press,
1986, pp. 255 y ss.; ID. *A Matter of Principle*, Cambridge (Mass.),
Harvard University Press, 1985, cap. 5.

entre nuestra proposición de lo que consideramos es la práctica en un caso concreto; y llegamos a ella a través de una definición funcional y estructural. En este sentido podemos tener una proposición *prima facie* de cuál es el Derecho válido para el caso en cuestión. Sin embargo, el "ajuste" todavía podría permitir una pluralidad de proposiciones jurídicas verdaderas para el caso. Necesitamos reducir el alcance del "ajuste" y obtener la única respuesta correcta, misma que debe ser, en principio, nuestra decisión. Debemos, por lo tanto, entrar al ámbito de la justificación con la finalidad de seleccionar –entre las distintas proposiciones que superen la prueba del "ajuste"– aquella que pueda satisfacer y superar la prueba de la justificación.

Para alcanzar la justificación, no obstante, una definición funcional o estructural del Derecho, aunque necesaria, no es suficiente. Aquí necesitamos un enfoque y una definición normativa adicional. Podríamos preguntarnos si Dworkin se detiene aquí y no va más allá para remitir a un concepto de Derecho basado en una definición ontológica de algún tipo. En algunas ocasiones parece insinuar que la justificación es el paso final. Pero esta conclusión es controvertible una vez recordamos que la justificación de una práctica difícilmente puede hacerse sin preguntarnos sobre su "sentido". Tanto reglas como funciones dependen, ambas, también del sentido. Aquí es necesaria una definición ontológica. No puede ser una definición simplemente empírica o sociológica toda vez que nos enfrentamos a la cuestión de qué clase de realidad tiene un contexto social para la acción y a los artefactos sociales que las reglas o los derechos son.

VI. Institucionalismo como punto de vista comprehensivo

Mi argumento central es que el institucionalismo, una vez adoptado un concepto liberal –por así decir– de institución, es una aproximación teórica que puede hacer justicia a la complejidad de la práctica jurídica así como a la pluralidad de conceptos del Derecho y puntos de vista. Una aproximación "liberal" a una institución no podría destacar su cualidad ontológica distintiva sin hacer referencia a la semántica de las proposiciones utilizadas para interpretar y reproducir sus implicaciones prácticas para los actores. Y también necesitaría una fuerte justificación normativa, en la medida en que esas implicaciones prácticas se conciben de forma tal que sea posible contrastarlas con estándares de corrección o justicia.

Para el institucionalismo –debe recordarse– el punto del Derecho no es sujetar la conducta humana a prescripciones o reglas. Tampoco es la coordinación. Su principal punto no es permitir que diferentes cursos de acción puedan tomarse sin que se interfieran unos con otros; o que un esquema de acción colectiva puede ser el resultado de una serie de muchos cursos de acción individuales discretos. La "función" del Derecho tiene un efecto más invasivo y penetrante. Tiene un significado "ontológico" casi inmediato en tanto es capaz de producir "tipos" o "formas" de conducta y, a través de la implementación o el seguimiento de su reglas, su ejemplificación o *"tokens"*; es decir, es capaz de producir conductas concretas que de otro modo (sin el Derecho, y *sin ese Derecho*) ni siquiera podrían concebirse ni, en consecuencia, realizarse. La tarea del Derecho, en definitiva, no es tanto la de controlar la realidad social sino la de crearla. Según el institucionalismo, el punto o caso central de una regla es el "constitutivo" y no el "regulativo", es decir, la regla es una condición necesaria para la posibilidad que se dispone en ella[17]. En el Derecho, la conducta relevante no es lógicamente independiente de sus reglas ("constitutivas").

Ahora bien, uno de los defectos tradicionales de las teorías institucionales puede ser su enfoque metodológico monista, que va más allá de cualquier plausibilidad de una definición funcional. El institucionalismo raramente se asocia con una visión pluralista de la sociedad que acepta la tensión entre conceptos de lo "bueno" y de lo "justo". De hecho, el principal problema de las teorías institucionalistas es caer recurrentemente en la tentación de reducir el discurso moral sustituyéndolo por una forma de vida colectiva "auto-justificada"[18]. Más allá de ella,

---

[17] Sobre las reglas constitutivas y regulativas la referencia fundamental sigue siendo JOHN R. SEARLE. *Speech Acts: An Essay in the Philosophy of Language*, Cambridge University Press, 1969.

[18] Este me parece por ejemplo el riesgo presente en la teoría institucionalista de SANTI ROMANO. Véase su fundamental obra *L'ordinamento giuridico*, 3.ª ed., Firenze, Sansoni, 1978.

no hay ningún tipo de margen posible para un juicio sobre la justicia o incluso sobre la vida buena. Esta limitación, sin embargo, podría superarse a través de una noción más amplia y generosa de institución donde la dimensión ontológica no se considere capaz de producir subrepticiamente sentido normativo y justificación.

Desde una perspectiva institucionalista liberal de este tipo[19], una definición ontológica comprendería, por un lado, una definición estructural y funcional (debe hacer uso tanto de reglas y objetivos, al menos como herramientas metodológicas); y, por otro, también debe referirse a una definición normativa (fuerte). Esta última puede derivarse en primer término de una reconstrucción de la institución como un ámbito de "ser", esto es, como el resultado de reglas que son un ámbito de "deber ser". El deber ser de las reglas aquí no es prescriptivo o regulativo sino principalmente constitutivo. Es más, una institución debe tener un significado, un sentido, que haga que la regla constitutiva juegue un rol coherente. El sentido de las reglas todavía no está determinado plenamente por su significado lingüístico, por su relación con otras reglas o por su efectiva observancia. Existe un *"Witz"* –utilizando nuevamente la expresión de Wittgenstein[20]– que es el "punto" del juego y de la

---

[19] Para una teoría institucionalista del Derecho del tipo liberal aludido, véase Ota Weinberger. *Norm und Institution*, Wien, Mansche-Verlag, 1990.

correspondiente "forma de vida". Ahora bien, ese sentido o punto –estimo– puede traducirse, o expresarse mejor, en términos de principios y valores. Aquí no es tanto que el "punto" o "sentido" deba ser evaluado mediante la mejor teoría posible, sino más bien que ese "sentido" deba hacer referencia a un concepto de lo que es bueno, toda vez que el mismo alude a una "forma de vida" que pretende ser un caso o ejemplo de una *buena* vida. Por lo tanto, dicho sentido está abierto a la justificación, es decir, está abierto a una dimensión de "deber ser" que esta vez será equivalente o transparente a la normatividad fuerte de la moralidad.

Así, el Derecho como institución está basado tanto en reglas constitutivas como referido a un sentido normativo fuerte. Este último consiste al final en un conjunto de principios que se afirman o se buscan con el fin de dar a la institución su justificación. Aquí, el institucionalismo en la versión que estoy proponiendo se aleja de una aproximación wittgensteiniana en donde las formas de vida y las instituciones no pueden contrastarse con estándares "superiores"[21].

---

[20] Véase, p. ej., LUDWIG WITTGENSTEIN. *Philosophische Untersuchungen*, Frankfurt a. M., 1977, p. 237: "*Das Spiel, möchte man sagen, hat nicht nur Regeln, sondern auch einen Witz*" (resaltado en el texto) [trad.: "El juego, quisiéramos decir, no sólo tiene regla, sino también un *"sentido profundo"* (o *"punto clave"*)].

[21] "*Das Hinzunehmende, gegebene –könnte man sagen– seien* Lebensformen": ibíd., p. 363 (cursivas en el texto) [trad.: "Lo que hay que aceptar, lo dado –podríamos decir–, son *formas de vida*].

Una institución no está destinada a ser la última base o la roca firme para la acción y puede contrastarse con una teoría moral. Por lo tanto, será necesario tener tanto una definición ontológica como una normativa que precisan complementarse y ajustarse entre sí.

Una definición normativa por sí misma no servirá puesto que las instituciones no son completamente comprensibles ni utilizables mediante principios. De la misma manera, a una simple definición ontológica le falta su sentido definitivo y comprehensivo; la realidad social no puede, por sí misma, ofrecernos principios normativos fuertes y explicarse o traducirse en términos de una teoría moral completa.

No obstante, el Derecho como institución así concebido también permitiría una definición estructural y una funcional. Estructuralmente el Derecho puede conceptualizarse aquí como la combinación de reglas constitutivas y reglas regulativas o prescriptivas. Mientras que la moral es un ámbito donde solo hay reglas regulativas, el Derecho combina reglas que prescriben, dirigen y sancionan la conducta humana con reglas constitutivas que no prescriben o sancionan sino que ofrecen un nuevo espacio o esfera para la acción humana. Visto desde esta perspectiva, la definición funcional específica sería no tanto la de regular u orientar la conducta humana sino la de hacer posible la conducta humana como una acción; acción aquí significa un hacer que sucede por el mero hecho de hacerse. El punto específico del Derecho sería así el de permitir a la gente actuar de forma pública conjuntamente y el de tener un lugar en el cual reconocerse y reclamarse derechos recíprocamente. El Derecho hace posible que el razonamiento moral público tenga un "espacio" y por lo tanto "un sentido".

El Derecho como institución tiene el mérito también de ser capaz de dar cuenta de la *novedad*. Es decir, puede explicar de mejor forma la emergencia de modelos y cursos de acción que no son simplemente cuestión de coordinación y que no podrían comprenderse simplemente como tales. Es decir, modelos de acción que no son resultado de cursos de conducta coordinados que podrían, sin embargo, tomarse individualmente y que son implementados o se hacen más eficientes por medio de un esfuerzo coordinado de una pluralidad de actores. Tocar en una orquesta no es una mera cuestión de coordinación. Es una empresa colectiva cuyo sentido tiene una cualidad comprehensiva, holística; y lo mismo podríamos decir de jugar al ajedrez o al fútbol. El Derecho es un ejemplo eminente y especial de este tipo de empresa colectiva. Por medio del Derecho –y en la medida en que aspectos tan relevantes de la vida social están en cuestión– producimos *una realidad nueva* que no es sólo la suma de repeticiones individuales de conducta. El institucionalismo ve esta característica fundamental del Derecho y toma buena nota de ello.

VII. Positivismo jurídico (iusnaturalismo) "incluyente" y "excluyente"

Considero que el institucionalismo, en la versión que yo propongo, puede ofrecernos una solución a la controversia entre el iusnaturalismo y el positivismo jurídico. Para explicar cómo pienso que es esto posible, debo resumir un debate reciente al interior del positivismo jurídico.

Dentro del positivismo jurídico se ha fraguado una confrontación entre dos modos de concebir la separación entre el Derecho y la moralidad que es la marca distintiva de este tipo de aproximación a lo jurídico. Según el positivismo jurídico "excluyente" la moralidad nunca podría jugar un papel al momento de determinar qué es el Derecho. La definición del Derecho no necesita hacer referencia alguna a la moralidad ni requiere ningún tipo de razonamiento jurídico. Aunque el razonamiento moral está abierto a los juristas, este no es específico de su práctica o función. La naturaleza del Derecho está basada fundamentalmente en el hecho de ser autoritativo, o mejor, autoritario, en el sentido de estar en condiciones de imponer sus propias disposiciones, de poder imponerse factualmente. Todas las demás propiedades están condenadas a ser irrelevantes en la empresa de identificar el Derecho en sí. La naturaleza del Derecho no se considera interpretativa y por tanto se dice independiente de cualquier conciencia pública a propósito de su existencia[22].

---

[22] Cfr. RAZ. *Between Authority and Interpretation*, cit., p. 94: "Nuestro concepto de Derecho no hace de nuestra conciencia del Derecho en una sociedad una precomprensión para que esa sociedad esté gobernada por el Derecho".

El positivismo jurídico "incluyente", por otra parte, se caracteriza por la tesis según la cual la moralidad puede incorporarse en el Derecho y utilizarse para su reconocimiento, esto es, siempre y cuando la moralidad se haga parte de la regla de reconocimiento explícitamente. Dicho de otra manera, el Derecho positivo puede encontrar en la moralidad una de sus "fuentes". Sin embargo, las "fuentes" no necesitan ser "hechos sociales": pueden ser también principios morales. De esta forma la "tesis de las fuentes" (que es el pilar del positivismo jurídico) se mantiene todavía, y no obstante la separación entre el Derecho y la moral sería una propiedad contingente del Derecho mismo, no su cualidad permanente o esencial. La "separación" ahora será reinterpretada como separabilidad entre el Derecho y la moralidad. En esta versión "suave" o "negativa": "el positivismo es verdadero si podemos imaginar un sistema jurídico en el que ser un principio de moralidad no es una condición de juridicidad de cualquier norma; es decir, sólo en la medida en que la idea de un sistema jurídico en el que la verdad moral no sea una condición necesaria de validez jurídica no es autocontradictoria"[23].

Al interior del Derecho natural también encontramos dos modos opuestos o distintos de concebirlo. Podríamos utilizar asimismo los términos "incluyente" y "excluyente" para denominar los dos puntos de

---

[23] JULES COLEMAN. "Negative and positive Positivism", en *Journal of Legal Studies*, n.º 11, 1982, p. 143.

vista confrontados aquí[24]. Por un lado, encontramos la idea de que el Derecho se deriva de un principio moral supremo o de un bien básico –o absoluto– sin la necesidad de un ulterior procedimiento público e institucional para tener acceso a su reconocimiento. Desde este punto de vista la inmoralidad substantiva podría ser suficiente –al menos en algunos ámbitos básicos de la conducta humana– para juzgar la invalidez jurídica, o la ilegalidad, de cierta regla o prescripción. El iusnaturalismo es en este sentido "excluyente" en la medida en que "excluye" que se ponga en marcha un mecanismo institucional para el reconocimiento de los principios del Derecho natural. Estos principios serían capaces de darnos, al menos en algunos casos básicos, la única respuesta correcta que se nos exige encontrar en la práctica jurídica.

Tal "exclusión" se radicaliza mediante la negación del convencionalismo conceptual. Los significados se tienen aquí en términos de "esencias". Un concepto desde esta visión se relaciona directamente con su objeto sin mediación alguna del lenguaje o de convenciones teóricas. El Derecho tiene un concepto que refleja y proporciona inmediatamente una explicación de la naturaleza del Derecho que está "allí fuera" independientemente del concepto. Al final esto

---

[24] Véase Massimo La Torre. "Sobre dos versiones opuestas de iusnaturalismo: 'incluyente' vs. 'excluyente'", Francisco M. Mora Sifuentes (trad.), en *Revista Derecho del Estado*, n.º 30, pp. 7-30. Reimpreso con modificaciones en el presente volumen.

implica que los conceptos no pueden ser objeto de controversias; las "cosas" aquí están para exponerse y "descubrirse" mediante conceptos. Estos últimos no juegan ningún rol constructivo especial. Por lo tanto, la práctica jurídica no está en condiciones de verse más como una empresa interpretativa y al punto de vista interno (el único que utilizan aquellos que practican y "usan" el Derecho) se le niega cualquier privilegio epistémico.

Para la segunda propuesta, el Derecho natural es indeterminado tanto epistémica como moralmente. Su legitimidad plena se alcanzará por medio de un procedimiento adoptado con la finalidad de conocer y aprobar sus propios principios de Derecho natural. El acceso epistémico al Derecho natural aquí no puede hacerse sin aprobación o corroboración; toda vez que los principios naturales serán, por así decirlo, registrados y dotados de contenido preciso siempre por medio de un procedimiento deliberativo por el que se establecen normas positivas. Ello supone que el Derecho natural tiene que hacer referencia al Derecho positivo, a sus instituciones y convenciones para poder determinarse y legitimarse de modo completo. Tiene que "incluir" al Derecho positivo con la finalidad de pretender validez jurídica en un caso concreto. Desde esta perspectiva las convenciones efectivamente forman parte de la naturaleza del Derecho. Esta apertura a la positividad hace posible también que esta segunda versión de iusnaturalismo tome en cuenta el carácter controvertido del concepto de Derecho puesto que tiene que admitir que las prescripciones jurídicas finales precisan, y son el resultado de, el filtro de una discusión y deliberación pública.

Por lo que respecta al positivismo jurídico, podría argumentarse que su versión excluyente es más coherente y comprehensiva como teoría del concepto de Derecho. Para tal positivismo siempre, no sólo en unos casos, el Derecho es independiente de la moral para su aprehensión y conocimiento. La naturaleza el derecho no es doble, o ambigua, como sostiene el positivismo incluyente que tiene que reconocer que no podemos establecer que siempre el Derecho está separado de la moral. Así puede ser que gane en esta controversia la versión excluyente por ser más coherente. Esto puede ser así. Pero el precio que debe pagarse para ello es "excluir" del derecho no sólo la moralidad, sino también el punto de vista interno. El Derecho desde la perspectiva del "excluyente" solo puede ser aquel que se evalúa desde el punto de vista del observador ya que el participante no podría escapar de la pretensión de la normatividad del Derecho y, por tanto, de tener algún tipo de justificación moral. El Derecho debe abordarse a través de sus "fuentes" que son "hechos sociales" y como tal identificarse por medio de una actitud neutral y descriptiva.

El razonamiento moral –se dice– es posible para un abogado o un juez, pero en términos según los cuales este razonamiento no es intrínseco a la definición del objeto de su labor. Como le sucede por ejemplo a un pintor que puede contingentemente tener un problema moral en su obrar como pintor, donde sin embargo el razonamiento moral no es parte propia de la definición de la pintura. Se le puede presentar un dilema moral, pero desde fuera de lo que es la pintura.

A pesar de ser un hecho constatable que el razonamiento moral es parte del razonamiento jurídico y de la decisión judicial, esas actividades –se afirma– pueden separarse fácilmente de la verdad más básica de que el Derecho está ahí para afirmarse en una forma descriptiva antes de utilizarse por los operadores jurídicos. Esta última tesis parece situar al positivista "excluyente" en un rincón de las posiciones teóricas a propósito del Derecho ya que, finalmente, convierte esto en un repositorio de puntos de vista irrelevantes para la práctica jurídica. No obstante el positivismo jurídico "excluyente" tiene el mérito de presentar una teoría general del Derecho bastante coherente. La naturaleza del Derecho no tiene sus raíces en un contexto local o *"parochial"*; tiene que evaluarse y conceptualizarse en términos universales, o categóricos de alguna manera. Conceptualmente el Derecho está conectado únicamente con su fuerza vinculante, mientras que la moralidad no es una de sus propiedades definitorias.

El positivismo jurídico "incluyente" parece menos coherente. Es demasiado contingente como tesis de teoría general del Derecho. La conexión del Derecho con la moralidad aquí es cuestión de un diseño sistemático: podemos tenerla o no, dependiendo de cómo se haya formado el sistema jurídico, esto es, dependiendo del contenido de la regla básica (la "regla de reconocimiento") del sistema en cuestión. "Principios morales sustantivos –se ha dicho– pueden tenerse como parte del Derecho en vigor de una comunidad en virtud de su estatus como principios morales siempre que la norma de reconocimiento pertinente incluya una provisión para tal efecto"[25]. Es un positivismo "*soft*" ya que no pretende que la separación entre Derecho y moralidad deba sostenerse en todo caso. Tampoco parece compartir la tesis de las "fuentes sociales" como uno de los principios fundamentales del positivismo jurídico. Las "fuentes" desde esta perspectiva no se identifican en términos de "hechos sociales". Si se incorporan principios morales en una regla de reconocimiento, los mismos funcionan como "fuentes" y, sin embargo, los "incluyentes" sostienen que tales principios morales siguen siendo "hechos sociales" al poder tratarse de tal manera.

No obstante, por esa referencia permanente a la forma contingente en que se adopte una regla de reconocimiento, el positivista "incluyente" no parece estar en condiciones de ofrecer una definición universal de la naturaleza del Derecho. La naturaleza del Derecho en algunos casos puede incorporar o tener en cuenta la moral entre sus fuentes y, no obstante, en otros casos no estar en condiciones de hacer lo mismo. La diferencia aquí es dada por el hecho de que podemos conocer (¿observar?) la validez de un requerimiento moral en el contenido de la regla de reconocimiento.

---

[25] Jules Coleman. "Authority and Reason", en R. P. George (ed.). *The Autonomy of Law. Essays on Legal Positivism*, Oxford, Oxford University Press, 1996, pp. 287 y ss.

La cuestión fundamental en este tipo de aproximación es que aquí no está muy claro qué papel juega el Derecho cuando se "incluye" moralidad en él; o mejor, qué consecuencias ontológicas y normativas se siguen de ese hecho. ¿En qué sentido podemos decir, en el marco de una aproximación positivista, que la moralidad sigue siendo ella misma, es decir, que la moralidad mantiene un sentido normativo fuerte, una vez que la hacemos depender del contenido contingente, puesto, discrecional de una prescripción jurídica que se estima está dando a la moralidad su validez institucional? Podríamos suponer que la normatividad moral (fuerte) se transmuta en una fuerza normativa (débil) positiva una vez que la hacemos el contenido de una regla jurídica puesta.

Supongamos que encontramos un principio incorporado en una regla de reconocimiento positiva que señale que las leyes serán válidas únicamente si ellas no son intolerables o extremadamente injustas (que es, como se recordará, la famosa "fórmula de Radbruch"). La validez jurídica dependerá de si las leyes son intolerablemente injustas y no de si se cree que son intolerables de conformidad con la regla de reconocimiento o con cualquier "fuente" o "hecho social"[26]. Debemos entonces razonar en términos morales, no en términos históricos o empíricos. La moralidad no se ha incorporado aquí en el sentido

---

[26] Véase RONALD DWORKIN. *Taking Rights Seriously*, London, Gerald Duckwort & Co., 1978, p. 348.

de traducirse o ser disponible en términos de proposiciones jurídicas cuya verdad es una cuestión de
genealogía o de valoración de un hecho social.

Una regla de reconocimiento que incluyera principios morales ya no podría funcionar como una regla
puesto que necesita hacer referencia a principios morales para recibir contenido sustantivo; ni tampoco
podría funcionar como una regla de reconocimiento
como tal puesto que a través de una simple regla como
esta, sin ningún tipo de revisión sobre qué es lo que
el principio incluye y qué es lo que substantivamente
requiere, no estamos más en condiciones de conocer
qué es el Derecho y distinguirlo de lo que no lo es.
Este es el *impasse* por el que tal vez Jules Coleman, con
la idea de mantener su tesis de positivismo jurídico
incluyente, tiene que dividir la regla de reconocimiento
en dos tipos de reglas distintas. Así, ahora habrá una
regla con una función epistémica y una regla con una
función semántica. Dentro de la primera necesitamos
tener primero una regla de "validación" que sirve para
determinar y señalar cuándo estamos ante Derecho
válido; y la segunda sería una regla de "identificación"
que sirve para dar fuerza vinculante a aquello que ha
sido cualificado como Derecho válido. Mientras que
la primera regla no necesita incluir criterios morales,
la segunda sí puede incorporarlos. Ahora bien, para
Coleman únicamente la segunda parece satisfacer propiamente la función de una regla de reconocimiento[27].

---

[27] Véase COLEMAN. "Authority and Reason", cit., pp. 278 y ss.

No obstante, la cuestión que inmediatamente surge aquí es cómo podría reconocerse que norma es Derecho válido, si su contenido semántico todavía se mantiene completamente abierto. No todo lo que está contenido por un acto jurídico formal puede asumirse que sea Derecho (ya que podría basarse en un error de hecho, por ejemplo, o podría tener como hechos probados algo que luego se compruebe como falso). ¿Y es la gramática usada por la prescripción en cuestión también Derecho? La distinción entre una regla de reconocimiento como la condición de verdad para el contenido de un norma particular (para la verdad de una proposición jurídica) y una regla de reconocimiento como la fuente de validez de una norma discrecional no ayuda a la puesta en funcionamiento de la regla de reconocimiento, incluso si la misma es tratada únicamente como regla de validez.

De hecho, nunca sabremos que una regla otorga validez al Derecho si no es posible señalar a tal regla cuando nos preguntamos cómo sabemos que esa norma particular es una norma válida. "El desacuerdo sobre aquello que cubre una regla es perfectamente compatible con el acuerdo sobre lo que la regla es"[28]. Esta es la pretensión. Pero si no tengo algo de conocimiento respecto a lo que la regla cubre, ¿cómo puedo saber cuál es la regla que estoy buscando, es decir, cómo puedo saber que esa es la regla relevante para el caso en cuestión? En efecto, para llegar a un acuerdo

---

[28] Ibíd., pp. 295 y ss.

sobre lo que una regla es, debemos compartir al menos
cierta precomprensión sobre lo que cubre esa regla.
Así, una regla de validez que puede utilizarse en
una proposición epistémica está condenada no sólo
a carecer de sentido sino a falsearse como algo que
no es una regla de validez. Si la validez de la regla
es "todo lo que diga Dworkin es Derecho" pero la
regla de identificación es "escucha a Raz", ¿lo que Raz
establece no se convierte en lo que el Derecho válido
es y exige? ¿Y la regla de validez no será derogada
permanentemente por la regla de identificación?

Es cierto que en ocasiones el Derecho es visto como
una herramienta para compensar la debilidad moti-
vacional y cognitiva de la moralidad. Ello no obstante, la fuente de normatividad, desde este punto de
vista, permanecerá dentro de la moralidad misma.
El Derecho sirve a la moralidad; el primero hace a
la segunda más efectiva. Sin embargo, la moralidad
seguiría siendo válida y (débilmente) operativa, incluso si el Derecho no la respaldase. El Derecho aquí es
un vasallo de la moralidad, está subordinado a ella, y
extrae su justificación y legitimación del hecho de ser
capaz de implementar la moralidad. Y siempre es así,
ya que esta relación es algo inherente a la naturaleza
del Derecho: el Derecho está "ahí" para proteger a la
moralidad. Esta idea, sin embargo, no concuerda con
el positivismo jurídico para el cual el Derecho puede
no tener ninguna relación con estándares morales, o
bien puede tener cualquier contenido.

También se podría argumentar que una vez que
la moralidad se positiviza en el Derecho mediante

su reconocimiento en la regla básica del sistema, la misma ya no puede tratarse como moralidad sino simplemente como Derecho positivo. Su reconocimiento por medio de la regla básica es un "hecho"; y únicamente ese hecho es el que importa en una perspectiva positivista centrada en "fuentes" en tanto hechos sociales. Una vez que la moralidad es incorporada al Derecho, la misma será "digerida" o "consumida" y transmutada en algo distinto; en una pieza de Derecho positivo. Los abogados no podrán acudir a la moralidad como tal sino a una pieza de Derecho positivo. Y para que un teórico evalúe qué es el Derecho tampoco será necesario que asuma un punto de vista ultraexterno. Al final, tanto el positivismo jurídico "incluyente" como el "excluyente" apuntarán hacia el mismo "hecho" (el hecho de su reconocimiento en una regla positiva) para decirnos qué es el Derecho y cuándo una proposición jurídica es verdadera. En ambos casos el criterio fundamental para la verdad de una proposición jurídica sería su correspondencia con hechos sociales.

Similares problemas presenta, en algún sentido, lo que he definido como doctrina "excluyente" del Derecho natural. El iusnaturalismo excluyente –al igual que el positivismo jurídico "excluyente"– no puede integrar los tres puntos de vista. Tampoco podría utilizar las cuatro estrategias de definición. Particularmente está expuesto a la misma crítica de ignorar el punto de vista interno. Esto es de alguna forma paradójico ya que el iusnaturalismo comienza con la asunción paradigmática de la definición del

Derecho tomada por los juristas. Sin embargo, este
es solo el primer paso, y tiene que hacer referencia
rápidamente a un punto de vista ultraexterno, aquel
del bien absoluto o del principio moral arquimédico.
Este último es capaz de "cortocircuitar" el punto de
vista interno (es decir, el momento de deliberación
dentro del contexto institucional en cuestión) y ofrecer una solución final distinta en al menos algunos
problemas morales sensibles.

Por lo tanto, en la definición de la naturaleza del
Derecho dada por el iusnaturalista "excluyente" el
momento deliberativo, que es –y esto debe enfati-
zarse– una parte esencial del punto de vista interno,
no está presente siempre ni es especialmente relevante.
De hecho, el iusnaturalismo "excluyente" de alguna
manera niega el momento "constitucional" en el
Derecho; la constitución del Derecho se piensa como
dada de antemano por el principio arquimédico. Lo
que se discute más es el momento de su aplicación,
al que, sorprendentemente, se ve precisando algún
margen más o menos amplio de discrecionalidad.

VIII. Una salida

Como ya he dicho antes, creo que el institucionalismo (es decir, un concepto del Derecho elaborado en
términos de institución) ofrece una posible solución
o conciliación a la controversia entre iusnaturalismo
y positivismo jurídico. Esta afirmación se basa en dos
argumentos. En primer lugar, me gustaría afirmar
que un punto de vista más plausible –y al mismo

tiempo una vía para salir de la confrontación entre aquellos dos– es el ofrecido por el iusnaturalismo "incluyente". Este, aunque próximo al positivismo jurídico "incluyente", tiene, sin embargo, la ventaja de no estar sujeto a la contingencia sistemática. La normatividad fuerte es vista aquí como una propiedad esencial del Derecho y no meramente contingente. El Derecho positivo no puede dejar de respaldarse y complementarse por medio de una normatividad fuerte, es decir, mediante principios morales y consecuentemente por medio de razonamiento moral. Se puede argumentar que la normatividad fuerte, por otra parte, no puede prescindir del Derecho positivo (de reglas positivas y deliberaciones públicas) por razones tanto epistémicas como ontológicas. El Derecho positivo aquí no se necesita únicamente para hacer más inteligibles las exigencias del Derecho natural (la *determinatio* de Tomás de Aquino) sino que se precisa sobre todo para "reconocerlas", aprobarlas y justificarlas. El Derecho positivo como deliberación pública por lo tanto sería parte del contexto de justificación y no simplemente, o únicamente, parte del contexto de decisión de normas jurídicas. El iusnaturalismo "incluyente" por lo tanto puede tomarse en serio el hecho de que el Derecho sea creado de una manera constructiva y convencional ("positiva").

En segundo término, podría concluirse que una teoría institucionalista "liberal" del Derecho podría ser el modelo más plausible de iusnaturalismo "incluyente". El iusnaturalismo incluyente hace que tanto la deliberación como las instituciones tengan un carácter esencial en el Derecho, toda vez que la moralidad debe legitimarse públicamente y su validación requiere tanto deliberación como aprobación pública. En tal sentido, precisamos del Derecho positivo que juegue un papel legitimador no solo al momento de su aplicación sino también en el momento de su constitución. El institucionalismo enriquece dicha conclusión en la medida en que el Derecho como institución no solo se considera como una cuestión para la justificación de la normatividad pública, sino que la justificación es vista como el ser mismo del fenómeno jurídico.

Una institución es una porción de ser mediante el cual tiene sentido plantear cuestiones que necesitan manejarse por medio de la deliberación moral pública[29]. Para un ejercicio de razonamiento moral relacionado con una esfera pública necesitamos primero ese espacio público, y esto es más o menos equivalente a una institución. Esta, sin embargo, necesita ponerse a prueba por medio de criterios morales y cuestionarse en consecuencia. La normatividad desde esta perspectiva es una especie de proceso que sigue un movimiento "desde dentro y hacia fuera". El punto de vista interno no podrá eludirse nunca. Pero el mismo no tendrá la última palabra sobre qué es lo que debe hacerse.

---

[29] Para una explicación más detallada de este punto, véase MASSIMO LA TORRE. *Law as Institution*, Dordrecht, Springer, 2010.

I. Preguntas embarazosas

Imaginemos que un marciano, o el habitante de un planeta hasta ahora desconocido, dotado de facultades perceptivas o sensoriales e intelectuales similares a las del ser humano, se presente en la tierra y comience a ser instruido sobre lo que es la vida del hombre, hasta ese momento totalmente desconocida para él. Imaginemos que se le habla del "Derecho", y que el "marciano" pregunta qué es. ¿Cómo le responderemos?[1].

Podríamos emplear la estrategia que Gilbert Ryle[2] utiliza para explicar al mismo marciano qué es la universidad, mostrándole lugares de la propia universidad. Así podríamos hacerle visitar diversos ámbitos en los que se desarrolla una actividad jurídica,

---

* Traducción de Francisco Javier Ansuátegui Roig.
[1] Véase S. D. SMITH. *Law's Quandary*, Cambridge (Mass.), Harvard University Press, 2007, pp. 41 y ss.
[2] Véase GILBERT RYLE. *The Concept of Mind*, London, Penguin, 1983, pp. 17-18.

la sala de un tribunal, un registro, el despacho de un abogado, un parlamento, una cárcel. Pero el marciano aún nos podría preguntar si aquellas "paredes" y aquellas "sillas", el estrado de un juez, o las "rejas" de los imputados, son precisamente el Derecho. Son partes del Derecho, pero ¿son todo el Derecho? Y nos encontraríamos con dificultades para responderle afirmativamente.

O bien podríamos mostrarle, en vez de "cosas", u "objetos", o lugares y espacios específicos, ciertos acontecimientos, actos, por ejemplo una carga policial contra los manifestantes, o el arresto de un imputado, o el desahucio de un inquilino moroso, o más dramáticamente la ejecución pública de un condenado a muerte. Son todos "acontecimientos" que podríamos calificar como "jurídicos", que manifiestan el Derecho, que lo hacen palpable y visible. Pero el "Derecho", a su vez, ¿en qué sentido se manifiesta en esos acontecimientos? Y, ¿qué se manifiesta en ellos como Derecho? ¿Cómo definirlo prescindiendo de aquellos acontecimientos que son cualificados por él? ¿Cuál es su "sentido"?

Si buscamos su "sentido", podemos creer que se encuentra en un "significado" lingüístico o en una suma de ellos. Podremos entonces, a nuestro marciano, con el fin de mostrarle el Derecho, indicarle y leerle ciertos "textos". Podremos recomendarle un texto escrito, un código, o una "ley", y reenviarlo a lo que ellos significan. ¿El Derecho es entonces –podrá preguntarnos– una entidad lingüística? ¿Y cómo se relaciona esta con las "cosas" que hemos visto antes y con los "lugares" que hemos visitado anteriormente, entidades que no son lingüísticas?

Podremos entonces intentar encontrar un "objeto" que de forma paradigmática ilustre y señale lo que es el Derecho. ¿Una silla eléctrica?, ¿una toga de abogado?, ¿las esposas de un policía? ¿Es posible encontrar una "cosa" hecha de Derecho, que resuma la noción de Derecho?

Podremos intentar referirnos a los "sujetos" en los cuales o mediante los cuales el Derecho se expresa o "habla". Podremos mostrar a nuestro amigo extraterrestre ciertos seres humanos que se ocupan del Derecho, jueces, abogados, registradores, notarios, oficiales judiciales, policías, alguaciles. ¿Ellos son el Derecho? Un juez, ¿es el Derecho siempre o sólo cuando actúa como juez? ¿Actuará como juez probablemente sólo cuando en él se manifiesta el Derecho o este está vinculado a sus acciones de un modo específico? Así que lo que es el Derecho parece anticipar lo que es un Juez. ¿Lo mismo vale también para un abogado? ¿Es el juez "más Derecho" que un abogado? ¿Y qué distingue al sujeto humano que hace de juez de aquel que no lo es, por ejemplo cuando se trata de una misma persona?

Aquí podemos decirle a nuestro huésped que el Derecho en realidad tiene que ver con ciertos ideales, con una idea sobre cómo debe ser el mundo, y que esta idea es buena, y como tal es considerada "justicia", y a ella deben reconducirse la conducta del juez (¿y la del abogado?). El Derecho es la aplicación concreta (¿coactiva?) de ciertos principios morales, criterios sobre cómo deban ser los comportamientos de unos hombres con otros. Pero, ¿dónde encontrar estos valores e ideales? ¿Dónde "están"? –nos pregunta nuestro amigo. Y nuevamente tenemos un problema. No estamos en condiciones de hacérselos ver como imágenes o cosas y tampoco de hacérselos leer en ciertos textos. Incluso podríamos decirle que los valores, si están escritos, ya no son de verdad valores, ya que son un "deber ser" y no un "ser". Son encontrados, o intuidos. O, de manera más simple, algunos, incluso muchos, sostienen que se trata de nuestros sentimientos o emociones. Otros hablan de una fantasía. De ficciones, de un "como si". Pero, ¿cómo pueden las fantasías conducir a la construcción de un palacio de justicia? ¿O justificar la condena a muerte de un ser humano? ¿O más bien se trata todo de una locura, de una fantasmagoría del género humano? ¿Un sueño, o quizás una pesadilla de la que lo mejor sería despertar?

Por lo tanto, buscando el "ser" del Derecho, para mostrarlo a quien de él no sabe nada, podemos referirnos a: (a) ciertos sujetos; (b) ciertos objetos; (c) ciertos textos y "significados"; (d) ciertos hechos o acontecimientos, o aun, (e) a ciertas ideas o principios; y en fin, a (f) emociones y sentimientos, o a (g) fantasías e, incluso, alucinaciones. Se trata de una serie de "entidades" muy diversas, y difícilmente reconducibles a la unidad. ¿Qué hacer entonces para satisfacer la curiosidad de nuestro marciano? ¿Qué "ser" es aquello que es el Derecho, siempre que este sea algo que en realidad exista verdaderamente?

Quizás, en este punto, no nos queda otra cosa que decirle algo más sobre lo que ha sido discutido a lo largo de los siglos como la teoría –por así decirlo– del mobiliario del mundo, de "lo que es", la "ontología".

II. Sobre el "mobiliario del mundo"

Ahora bien, la "ontología" es un término en cierto sentido comprometido en la historia de la filosofía. Nos recuerda las grandes y pesadas construcciones metafísicas de Platón y de Aristóteles, de Tomás de Aquino y de la Escolástica, construcciones a las que, hasta cierto punto de su recorrido, la filosofía moderna les ha cerrado el camino e, incluso, ha tenido que desembarazarse de ella. De manera que frente a la "ontología" se termina prefiriendo la "gnoseología", frente a la teoría del "Ser", que aparece pretenciosa (ya que tiene la pretensión de llegar a explicarnos hasta el último recoveco de la realidad), se prefiere la teoría del conocimiento, más modesta, que pretende solo explicarnos cómo conocemos las cosas, más allá de resolver la cuestión de si tal conocimiento es completo y del todo satisfactorio.

Con la "modernidad", la filosofía pasa de mirar a la realidad externa, del ser de las cosas como son, a convertirse en consideración atenta de la realidad interna al sujeto, o estudio del ser de las cosas como se nos aparecen. La filosofía se hace autobiografía del sujeto cognoscente, y renuncia a ser la narración del ser trascendente al sujeto. Lo cual es también el modo y la estrategia vencedora para superar de una vez por todas el desafío del escéptico, que nos dice que no podemos conocer nada del ser de las cosas como son. Y por tanto no podemos conocer en realidad nada, en su opinión. No hay justificación para ninguna verdad. La vía de salida de este punto parece que sea volver la mirada de las cosas, de aquello que me rodea, a mí, al sí, a la subjetividad, y encontrar aquí una certeza, de la que partir, prudentemente, a la reconquista de la verdad de las cosas, o a las afirmaciones sobre ellas. La maravilla que pone en marcha la empresa filosófica ya no será aquella que nos provoca el universo, las cosas, sino la sorpresa de mí mismo, de lo que se da dentro de mí, la maravilla de la conciencia, o –en otra perspectiva– la "angustia", es decir la inquietud respecto a mi vida, el "desasosiego" de Pessoa. Es esta, como es sabido, la estrategia cartesiana, la "revolución copernicana" en filosofía a la que más adelante se referirá Kant con aprobación.

La "cosa en sí" no es cognoscible –se afirma; aquello a lo que podemos llegar y que es nuestro cometido explicar es el "fenómeno", lo que se revela frente a nosotros mediante la intuición sensible, la sensación organizada por el intelecto y regida por la razón. El "noúmeno" permanece para nosotros un misterio, que sólo se puede solucionar mediante el ámbito de lo inteligible, y normativamente con "el reino de los fines". Kant le permite por tanto al escéptico (a Hume) afirmar que no se esté en condición de ofrecer una explicación ontológica del mundo; pero le contesta que su gnoseología sea practicable. Ciertamente, redimensionando de manera relevante las ambiciones de la "Razón pura" y sometiendo esta a una atenta censura. Pero a Hume, el escéptico por naturaleza, no se le concede el subjetivismo o el emotivismo metaético. De hecho, es aquí donde en virtud de un análisis del pensamiento moral (parte de la "autobiografía" del sujeto) pueden encontrarse fundamentos a partir de los cuales pueda aventurarse nuevamente en el campo ontológico. Es la antropología la que se sobrepone a, o hace las veces de, la ontología. "¿Qué es el hombre?" es la pregunta filosófica que para Kant –como es sabido– resume a todas las otras.

Nótese que en la construcción kantiana la sociedad, las instituciones, no están dotadas de un estatus específico de realidad; permanecen constreñidas entre el ser fenomenológico y el deber ser moral. El Derecho, para el filósofo de Königsberg, no tiene una densidad fenomenológica suficiente como para distinguirse por una parte de la fuerza de la coacción y por otra de lo "justo". Es una combinación de las dos dimensiones, una muy contingente superposición de ambas en un edificio de dos niveles, sin que estos últimos corran el riesgo de mezclarse ontológica y fenomenológicamente. No hay por tanto aquí una cuestión ontológica del Derecho; el problema es solo normativo. Por lo demás la ontología misma es "criticada" y reemplazada precisamente con la "crítica de la razón". Esta última, en fin, para apoyarse sobre una base no meramente subjetiva o psicológica, se dirige al análisis del lenguaje, y entonces la ontología se hace semántica y la "esencia" es reemplazada por el "significado".

Lo señala bien Quine en *From a Logical Point of View*: "*Meaning is what essence becomes when it is divorced from the object of reference and wedded to the word*"[3]. El significado es lo que se convierte en la "esencia" una vez que esta retorne al mundo humano desde el más allá. Tan es así que en este proceso de –por decirlo así– desacralización parece a veces que los hechos en el mundo y los significados sean intercambiables, como por ejemplo se perfila en parte en el *Tractatus* de Wittgenstein, cuando se habla del significado de los enunciados lingüísticos como una clase de reproducción en miniatura, de un "modelito", de la estructura "lógica" de los hechos en el mundo: "*Der Satz ist ein Modell der Wirklichkeit*" (parágrafo 4.04)[4].

Este movimiento de desontologización de la filosofía había sido iniciado con ocasión de la discusión tardo-medieval respecto a los "universales". En dicha disputa se confrontan –es bien sabido– "realismo", "conceptualismo" y "nominalismo". Para el primero, tras los "universales", los conceptos, se pueden observar las realidades específicas, las "esencias"; para el segundo, los conceptos son concepciones de la mente, ideas psíquicas; en la perspectiva del tercero,

---

[3] W. V. O. Quine. "Two Dogmas of Empiricism", en *From a Logical Point of View*, New York, Harper & Row, 1961, p. 22 [trad.: "significado es aquello en que se convierte la esencia cuando se separa de su objeto de referencia y se adscribe a la palabra"].

[4] Ludwig Wittgenstein. *Tractatus logico-philosophicus*, Frankfurt a. M., Suhrkamp, 1963, p. 33 [trad.: "una proposición es un modelo de realidad"].

tras los conceptos no hay otra cosa que un "nombre", una convención, una decisión humana y, en fin, fundamentalmente divina. Ello obviamente tiene repercusiones evidentes sobre la noción de voluntad divina, reenviando el nominalismo a un poder creativo superior que no se detiene frente a ninguna "esencia", y menos a aquella de "bien". Lo que hoy vale como bueno podría valer mañana como malo, si así es decidido por la altísima instancia divina. Pero también la realidad, la naturaleza, en su conformación, depende enteramente de tal soberanía. La naturaleza no tiene un fin propio. La realidad no es esencialmente aquella que es, sino que podría modificarse drásticamente. Dios —como nos dice Odo Marquard[5]— aquí cambia de ropaje, y de garante del Mundo, se convierte en su posible destructor (pues es su creador y dueño absoluto). Tampoco la naturaleza humana tiene una específica densidad ontológica en esta perspectiva. Siguiendo la estrategia nominalista de Ockham, para conocer a Sócrates, no necesitamos saber qué es un ser humano. La individualidad de Sócrates como hombre no necesita el reenvío a la naturaleza del ser humano, o la deducción de esta, sino solo una relación de semejanza con otros seres análogamente formados. El silogismo príncipe que nos repite que Sócrates es mortal no parece ya tener aquella validez férrea que nos era dictada por la tradición filosófica.

---

[5] ODO MARQUARD. *Der Einzelne. Vorlesung zur Existenzphilosophie*, F. J. Wetz (ed.), Stuttgart, Reclam, 2013.

Recuérdese en este punto que el Demiurgo platónico no es un creador *ex nihilo*, sino más bien un imita-
dor. Su obra está ya predeterminada por las "formas",
a las que la intervención divina ni añade ni quita nada esencial[6]. O recuérdese cuanto dice Séneca: *"Non
potest artifex mutare materiam"* (*De providentia*, 5.9).
Pero para el Creador omnipotente ello ya no vale,
no hay materia, no existen "cosas" que Él no pueda
remodelar o incluso anular. *"Semper paret, semel iussit"*
–dice Séneca (*De providentia*, 5.8) del *"parens ille mag-
nificus"* (ibíd., 1.5), Dios. Una vez creado ("parido")
el mundo con un acto de voluntad, luego obedece
siempre. Esto vale para el Demiurgo. Sin embargo
el Omnipotente no está vinculado a ninguna orden,
ni a ningún ente, ya que es todo poderoso.

La consecuencia de tal movimiento antiesencialista
es el enraizamiento del centro del ser no ya en una
estructura inmediatamente traducible conceptual y
racionalmente, sino en la afirmación del momento
ocasional o existencial del ser, en su darse y ser y
permanecer aquí y ahora. Pasamos por tanto inequívocamente de la "esencia" a la "existencia". Lo existente no tiene un fin que realizar, que sea intrínseco
en su "esencia", sino que su objetivo o "destino" es
principalmente el de perdurar en su propia existencia –según la conocida fórmula spinoziana (véase
Ethica, IV, P22)–, de manera que para el filósofo ho-

---

[6]   Al respecto, véanse las consideraciones de Cornelius Castoriadis.
L'institution imaginaire de la société, Paris, Gallimard, 1974, p. 295.

landés –como es sabido– realidad y perfección coinciden (véase ibíd., II, D6). Esta fórmula se radicaliza
en la doctrina heideggeriana del ser como *Dasein*:
"*Das Was-Sein* (essentia) *dieses Seienden muß, sofern
überhaupt davon gesprochen warden kann, aus seinem
Sein* (existentia) *begriffen werden* [...] *Das Wesen des Da-
seins liegt in seiner Existenz*"[7]. También aquí –y en una
versión muy extrema–, de la "ontología", de la "cosa
en sí", de aquello que es "esencialmente", pasamos
a la fenomenología, a la cosa tal y como existe, a lo
que es siempre accidentalmente, del "*Was*" al "*Daß*".

En un cierto sentido, es la entera modernidad filosófica la que se rebela contra la ontología (y más
en general contra la "metafísica" como "filosofía
primera" referida a la cuestión del "ser") a partir,
como se ha dicho, del ataque nominalista contra las
certezas "realistas", pasando por la revolución cartesiana que afirma ahora la centralidad de la teoría del
conocimiento como respuesta al desafío escéptico y
al fundamentalismo y voluntarismo teológico, para
llegar a la filosofía como "crítica" de la razón metafísica ("pura"), centrada en la resignación respecto a la
incognoscibilidad de la "cosa en sí". "El ser de la vieja
metafísica –de esta manera resume esta constelación
Ernst Cassirer– era la sustancia, algo que constituía

---

7   MARTIN HEIDEGGER. *Sein und Zeit*, 17.ª ed., Tübingen, Max Niemeyer,
    1993, p. 42 [trad.: "El 'qué' (*essentia*) de este ente, en la medida en
    que se puede siquiera hablar así, debe concebirse desde su ser
    (*existentia*) [...]. La esencia del ser-ahí consiste en su existencia].

el fundamento único. El ser de la nueva metafísica, para decirlo con mi lenguaje, ya no es el ser de una sustancia, sino el ser que viene de una multiplicidad de significados y de determinaciones funcionales"[8].

El materialismo del Ochocientos, el neopositivismo lógico y la filosofía analítica más o menos explícitamente se mueven por la misma pasión; que un iusfilósofo como Axel Hägerström compendia en su lema *"praeterea censeo metaphysicam delendam esse"*[9]. Con todo, esta "pasión" se advierte con fuerza en la teoría moderna del Derecho y en las múltiples propuestas de un concepto secularizado de Derecho.

III. ONTOLOGÍA Y DERECHO

III.1. EL PROBLEMA DE LA NATURALEZA DEL DERECHO

La disputa sobre el concepto de Derecho gira tradicionalmente en torno a la alternativa entre iusnaturalismo y positivismo jurídico. El iusnaturalismo es "naturalmente" (además de históricamente) proclive

---

[8] Debate de Davos entre ERNST CASSIRER y MARTIN HEIDEGGER, ahora en MARTIN HEIDEGGER. *Kant e il problema della metafisica*, V. Verra (trad.), Roma, Bari, Laterza, 1981, p. 234.

[9] [Trad.: "Soy de la opinión de que destruida sea la metafísica"]. Véase cuanto dice AXEL HÄGERSTRÖM de la propia filosofía, en *Die Philosophie der Gegenwart in Selbstdarstellungen*, R. Schmidt y Felix Meiner (eds.), Leipzig, 1929, p. 158. Aquí el conjunto de las *Geisteswissenschaften*, de las "ciencias del espíritu", son "sólo un juego intelectual con expresiones emotivas", *"nur ein intellektuelles Spiel mit Gefühlsausdrücken"*: ibíd.

al esencialismo. El Derecho aquí es concebido con referencia a una "esencia" (*grosso modo* la "*ousía*" de Platón) que contiene una determinada propiedad moral y una cantidad de "bienes", que si fueran negados en la actualidad de la forma real que asume el concepto se derivaría de ello o una defectuosa tipificación de la misma o algo que está completamente fuera de esa naturaleza. Dicha estructuración del concepto de Derecho se encuentra en todas las versiones paradigmáticas del Derecho natural, sean antiguas o modernas, tanto en Tomás de Aquino como en John Finnis[10] o Mark Murphy[11]. Tanto en el caso de que sea "fuerte" o "débil", es decir que mediante la injusticia (o la "irrazonabilidad") de la forma se haga de esta un no-Derecho o bien un Derecho "defectuoso", ambas versiones de iusnaturalismo se fundan en una metafísica y en una ontología "esencialista". El Derecho, si puede considerarse artificial, es un producto que posee un valor intrínseco. "*Law, the natural law theorist can say, is a kind that has certain standards of perfection intrinsic to it*"[12]. En realidad, no es tanto el resultado

---

[10] JOHN FINNIS. *Natural Law and Natural Rights*, Oxford, Clarendon, 1980, cap. primero.

[11] Véase MARK C. MURPHY. *Natural Law and Practical Rationality*, Cambridge (UK), Cambridge University Press, 2001; ID. *Natural Law in Jurisprudence and Politics*, Cambridge (UK), Cambridge University Press, 2006.

[12] MARK C. MURPHY. *Philosophy of Law: The Fundamentals*, Oxford, Blackwell, 2007, p. 44 [trad.: "El Derecho, puede decir un teórico iusnaturalista, es algo que tiene ciertos estándares de perfección intrínsecos a él"].

de un "trabajo", *"work"*, *"Herstellen"* (en la terminología de Hannah Arendt[13]). Se trata principalmente
de un "organismo", o mejor de un "órgano", con
una función propia –dice Mark Murphy. *"Here the
more apt analogies are the systems of organisms"*[14]. El
Derecho no es como una silla, sino más bien como
un corazón. Así que quizás sería el *laborar*, *Arbeit*, su
forma de conducta fundamental, si tuviésemos otra
vez que adoptar la perspectiva de Hannah Arendt.

Distinto es el caso del iuspositivismo. Este se afirma
conceptualmente (e históricamente) a partir de una
tesis convencionalista. El Derecho aquí es producto
de una decisión, de una disposición, o de la capacidad toda material de implementar tal disposición, o
bien –desde un punto de vista diferente– de la convergencia de conductas que se refieren la una a la
otra, en una práctica consuetudinaria o cooperativa
o también simplemente imitativa. Aquí no se da una
"esencia" del Derecho a la que la disposición o la
convergencia de conductas deba orientarse o frente
a la cual pueda detenerse.

Esto es en realidad –como se señaló– uno de los
resultados del nominalismo medieval, para el que
tras los conceptos no existen "esencias" o *"realia"*

---

[13] Hannah Arendt. *On Human Condition*, Chicago, The University
of Chicago Press, 1957.
[14] Mark C. Murphy. "Natural Law Theory", en *A Companion to
Philosophy and Legal Theory*, D. Patterson (ed.), Oxford, Blackwell,
1999, p. 26 [trad.: "aquí las analogías más apropiadas son los
sistemas de los organismos"].

que determinan su formación y realización. En esta perspectiva la naturaleza de las cosas es total y dramáticamente contingente frente a la omnipotencia de quien puede conceptualizarla, del Creador eminentemente. Este puede subvertirla en todo momento. El Creador asume así las características del eminente Destructor. No hay entonces ninguna naturaleza del hombre, exclusivamente a través de la cual el hombre pueda considerarse tal, porque como tal deba tener ciertas cualidades, más allá de la espiritual del raciocinio, *animal rationale*. La definición de lo que es hombre está a completa disposición de quien trabaja con el *definiens*, es absolutamente contingente. Lo mismo vale para el concepto de "bien" y de "justo", que así pierde su "objeto". De manera que el justo de hoy podría convertirse en el injusto de mañana, el bien en el mal, y el Derecho, privado de su arraigo en estos "objetos", se queda a merced de la pura decisión o de la mera o ciega convergencia de conductas. El nominalismo y el convencionalismo parecen, más que el escepticismo, empujarnos a la incerteza, a la falta de fundamento. Disuelta la "esencia" no nos queda más que la mera existencia contingente.

En tal situación –señalan Odo Marquard[15] y Hans Blumenberg[16]– la vía de salida, la estrategia conceptual (e histórica) para una subrepticia recuperación

---

[15] MARQUARD. *Der Einzelne. Vorlesung zur Existenzphilosophie*, cit.

[16] Véase HANS BLUMENBERG. *Säkularisierung und Selbstbehauptung*, Frankfurt a. M., Suhrkamp, 1974.

de la certeza, es el retirarse y encerrarse en el estudio puntual y empírico de la naturaleza y de las relaciones matemáticas. La ciencia se afirma –para decirlo con Nietzsche– "cuando los Dioses se vuelven malvados", es decir cuando no hay "objeto" alguno frente a la omnipotencia definitoria y productora, cuando el sujeto no puede oponer o reivindicar ninguna "esencia".

El positivismo jurídico, como sabemos, opera con una idea tal de la fuerza o de la decisión. "*Jeder beliebiger Inhalt kann Recht sein*" –dice Kelsen[17]. No hay conducta u objeto que resista o pueda sustraerse a la autoridad cualificadora, al *definiens* normativo del Derecho. El iuspositivismo por tanto parece pasar de la "esencia" a la "existencia" de manera radical. No hay en el Derecho ninguna "esencia" –se afirma con la frase apenas citada–, sino solo la "existencia", aquella que es solo la que le es concedida por la disposición o por la praxis cualificadora de un cierto momento, comportamiento o significado. Y sin embargo no es realmente así.

III.2. El esencialismo conceptual de Joseph Raz

La existencia del Derecho es esencialmente su práctica, y esta se da sobre todo o paradigmáticamente en la forma de la controversia, de la "causa", que luego se resuelve en general mediante una sentencia

---

[17] Hans Kelsen. *Reine Rechtslehre*, 1.ª ed., Wien, Deuticke, 1934, p. 126 [trad.: "El Derecho puede tener cualquier contenido"].

judicial motivada o justificada por un "trozo" de razonamiento jurídico. Ello parece innegable. Así como es innegable que tanto la controversia cuanto el razonamiento jurídico que se desarrolla en ella y que la concluye contengan elementos de pensamiento moral. La misma controversia es promovida por una reivindicación moral, como está bien explicado en la *"rights thesis"* de Ronald Dworkin[18]. Es decir, en la reivindicación de un Derecho se reivindica también lo que es justo, y el juez en parte se pronuncia también sobre esto. Considerado *sub specie existentiae* el Derecho entonces se presenta como todo menos "puro" o separado o desconectado de la moral –como, por el contrario, pretende el iuspositivista que, constatado ello, puede caer en la tentación de incurrir una vez más en una estrategia conceptual "esencialista". Es lo que le ocurre a Joseph Raz, discípulo de Herbert Hart y, sin embargo, al final hostil a la adopción del punto de vista interno (antiesencialista) promovido por este último.

Raz así, tras haber debido constatar que *"legal reasoning is an instance of moral reasoning"*[19], para expulsar a la moral del concepto de Derecho, se concentra en la noción de autoridad. Esta, en su opinión, parece asumir dos significados, el primero de los cuales es

---

[18] Ronald Dworkin. *Taking Rights Seriously*, London, Duckworth, 1978, capítulo segundo.

[19] Joseph Raz. "On the Autonomy of Legal Reasoning", en *Ethics in the Public Domain*, Oxford, Clarendon, 1996, p. 340 [trad.: "El razonamiento jurídico es un ejemplo de razonamiento moral"].

el que diríamos material, el de la capacidad de poder ser aplicado imperativamente. El otro significado, que es para él central, es el de una decisión (razón de segundo grado) que para orientarse en la acción se adopta independientemente de las razones (de primer grado) que mediante tal decisión son satisfechas mejor. Entonces, continúa Raz, el Derecho es algo que tiene la pretensión de tener una autoridad legítima sobre sus destinatarios. Ello entonces implica que pueda tener autoridad, y como la autoridad es la capacidad de interrumpir la operatividad de las razones morales en el razonamiento práctico, entonces el Derecho resulta autónomo respecto a estas razones –tesis que nos sitúa completamente en el marco del paradigma teórico iuspositivista.

El sentido de la argumentación de Raz se desarrolla según modalidades que nos llevan a la dialéctica entre "sustancia" y "accidente". En un ensayo de los años ochenta, que en cierto sentido es un programa de investigación y una manifestación de intenciones, y que rubrica su alejamiento de la filosofía del Derecho centrada en el análisis del lenguaje, Raz distingue tres modos de actuar a la hora de llegar al concepto de Derecho. Distingue (i) una aproximación lingüística, (ii) la perspectiva del operador jurídico y, en fin, (iii) la que define como la aproximación "institucional"[20]. Raz rechaza con decisión las dos primeras perspectivas.

---

[20] Joseph Raz. "The Nature of Law", en *Ethics in the Public Domain*, Oxford, Clarendon, 1996, capítulo noveno.

El método lingüístico en su opinión no está en condiciones de ser selectivo entre los diferentes usos:
su proceder lexicográfico nos obliga al registro de
muchos usos lingüísticos (de "Derecho", o "*law*" en
el caso de la lengua inglesa) que no son pertinentes
en el ámbito jurídico. ¿Qué tiene que ver, por ejemplo,
la "ley de la gravedad" con la "ley constitucional"
en el Reino Unido? Realmente, poco o nada. En la
definición de un concepto de Derecho el método
lexicográfico nos ayuda muy poco. En realidad el
método lingüístico para ser eficaz y fructífero debe
partir de una precomprensión del concepto al cual
dirige su atención y que él mismo no puede ofrecer.
Igualmente insatisfactorio es para Raz el método que
gira en torno a la perspectiva del operador jurídico,
sea juez, o abogado, o "parte". Aquí el Derecho es
visto esencialmente como la serie de aquellas razones
que son vinculantes para la decisión del juez. "*From
the lawyer's point of view, the law does indeed consist of
nothing but considerations appropriate for courts to rely
upon*"[21]. Pero ello significa –nos dice el iusfilósofo británico– perder de vista la trama comprehensiva de las
relaciones jurídicas, y también puede hacer colapsar
la teoría en la práctica del Derecho, transformando
aquella que es una cuestión exquisitamente filosófica
en un problema *grosso modo* práctico o técnico.

---

[21] Ibíd., p. 200 [trad.: "Desde el punto de vista del abogado, el
Derecho consiste únicamente en las consideraciones sobre las
cuales resulta apropiado que se basen los tribunales"].

De modo que la aproximación "institucional" es el método de estudio apropiado. Aquí no nos concentramos solo sobre el juez y su razonamiento, sino que se toma en consideración toda la trama del Derecho, que está hecha de "instituciones", como el parlamento, o el gobierno, que son tan importantes para explicarnos el fenómeno jurídico como los tribunales y los sujetos que trabajan en ellos. Pero el método "institucional" sufre rápidamente un vuelco "esencialista". El Derecho –se dice– está hecho de razones autoritativas, y de "autoridad" que pretende legitimidad. Pero para pretender autoridad es necesario en realidad tener las propiedades exigidas para ser autoridad. *"The fact that the law claims authority for itself shows that it is capable of having authority"*[22]. Sin autoridad no es posible pretensión de legitimidad. Condición necesaria de esta última es precisamente la autoridad, que es un hecho, una cualidad observable en términos avalorativos. El Derecho por tanto, para existir, debe poseer todas las propiedades esenciales a la autoridad. *"Since the law necessarily claims authority, and therefore typically has the capacity to be authoritative, it follows that it typically has all the non-moral, or non-normative, attributes of authority"*[23]. La pretensión de legitimidad

---

[22] Joseph Raz. "Authority, Law and Morality", en *Ethics in the Public Domain*, Oxford, Clarendon, 1996, p. 217 [trad.: "El hecho de que el Derecho alegue tener autoridad demuestra que es capaz de poseerla].

[23] Ibíd., p. 218 [trad.: "Dado que el Derecho tiene necesariamente una pretensión de autoridad, podemos decir que si esta idea

es degradada a "accidente", y la condición necesaria
(la capacidad de autoridad) parece asumir la dignidad
de condición suficiente y en definitiva de "esencia".

III.3. POSITIVISMO JURÍDICO:
EXISTENCIALISMO Y DECISIONISMO

Se ha dicho que en la "Teoría pura" de Kelsen el objeto
de la investigación se constituye neokantianamente
por medio del método de la investigación misma[24].
El Derecho sería por lo tanto un ámbito "puro" de conocimiento porque es el conocimiento en cuestión
que se concibe y se proyecta precisamente "puro".
Sin embargo, es el mismo Kelsen el que desmiente
esta tesis en las primeras líneas de la primera edición
de la *Reine Rechtslehre*, donde se afirma que la pureza de dicha doctrina corresponde a la especificidad
de su objeto, *"eine reine, das heißt: [...] ihrer Eigenart
weil der Eigengesetzlichkeit ihres Gegenstandes bewußte
Rechtstheorie"*[25]. No es por tanto la "pureza" de la teoría un presupuesto metodológico, sino más bien un

---

es correcta, implica que el Derecho tiene típicamente todos los
atributos de la autoridad no morales y no normativos"].

[24] Lo sostiene, entre otros, MATTHIAS JESTAEDT en "Hans Kelsens Rechtslehre. Eine Einführung", ensayo introductorio a la reedición
de HANS KELSEN. *Reine Rechtslehre*, M. Jestaedt (ed.), Tübingen,
Mohr Siebeck, 2008, pp. XXXIII y ss.

[25] KELSEN. *Reine Rechtslehre*, 1.ª ed., cit., p. III [trad.: "una teoría pura
del Derecho, es decir, una teoría depurada [...] consciente de
tener un objetivo regido por leyes que le son propias"].

dato ontológico. El Derecho no es "puro" porque "pura" (avalorativa) se propone su teoría y conocimiento, sino, al contrario, dicha teoría y conocimiento no puede ser más que pura, si quiere resultar adecuada a la *Eigenart*, a la especificidad, a la *Eigengesetzlichkeit*, a la legalidad propia e intrínseca de su objeto. Esta es originariamente, esencialmente, "pura". La pureza de la doctrina jurídica es el producto de la necesidad metodológica de registrar apropiadamente ese tipo específico de realidad que es el Derecho. La pureza de la *Reine Rechslehre*, por tanto, repitámoslo, no es un presupuesto gnoseológico; es principalmente una tesis ontológica.

Por otra parte, la "existencia" que fortalece el iuspositivismo es el hecho de la "decisión", o el hecho de la "fuerza" que acompaña a esta última, o aun el "hecho" de la convención (o costumbre) entendida como práctica convergente de actos humanos. Tal "hecho" asume por tanto varias apariencias en función de la teoría que lo afirme. Puede ser una convención, una costumbre, un acuerdo, una serie de mandatos, un texto, o bien el reconocimiento y la aceptación de cierto evento o de cierta pretensión, o aun el hábito de dicha aceptación. Puede tratarse de la sanción o pena repetidamente aplicada. De una amenaza que cause temor e induzca a la obediencia. De dicho "hecho" o "fuente" que se puede, al menos eso se dice, solo identificar y describir, el iuspositivismo deriva su pretensión de ser "neutral" en la determinación de lo que es el Derecho. Lo que le interesa –se repite siempre– es identificar el Derecho tal y como es, no sus méritos o deméritos. Lo que es Derecho es accesible de manera descriptiva, y de ello el iuspositivismo da cuenta neutralizando toda intervención externa de la moral en ese ámbito de identificación. El Derecho así también podrá revestirse con el manto de la "ciencia", de referencia objetiva. "*Silete philosophi in muniere alieno*" –podrá proclamar el jurista frente al teórico que se mueva con categorías normativas demasiado fuertes. De ahí por tanto la convicción del jurista teórico de poder representarse y presentarse precisamente como "científico".

Debido a esta centralidad del "hecho" en su concepción del mundo, el iuspositivista al final es un realista. Y en realidad el realismo jurídico, que reduce el ámbito de las normas a contexto causal de connotaciones más o menos previsibles *ex ante*, resulta el más consecuente y radical de los positivismos jurídicos. Hägerström u Oliver Wendell Holmes, para entendernos, no son una alternativa al positivista, ya que comparten su idea principal, que la "fuente" y su identificación radiquen en la experiencia jurídica tematizada sin embargo como *hecho empírico* y que de tal fuente se puedan obtener, según varias metodologías en función de la teoría adoptada, las respuestas necesarias para la solución de casos concretos. En el realismo, sin embargo, el "hecho" es específicamente dimensionado, su contingencia es extrema, se trata de un hecho puntual, en el que la dimensión temporal se contrae dramáticamente. Para usar una vez más la observación de Odo Marquard, pero adaptándola a un contexto diferente, podríamos decir que la

comprensión positivista del tiempo es una especie de
"golpe de estado del presente" ("*der Staatsstreich der
Gegenwart*"). Y además se trata de un hecho del todo
material, sin contenido de sentido. Como la bofetada
del padre de la que habla en sus memorias Benvenuto
Cellini. Puede tener un impacto psicológico, pero como
puede tenerlo el ruido de un trueno que hace estallar
en lágrimas a un niño o precisamente la memoria de la
bofetada recibida. El sentido es completamente dado
por "señales", relaciones causales. Los "símbolos"
(que operan por imputaciones normativas) son engu-
llidos por "señales", al igual que las "razones", que
son todas ellas transformadas en "motivos" y luego
en "causas eficientes". Desde este punto de vista las
razones para actuar son irreflexivas, o, si bien emergen
de la irreflexividad de la relación causal, no están en
condiciones de modificar o de influir en éste último.
La libertad en todo caso aquí no es otra cosa sino la
conciencia de la necesidad.

IV. La propuesta neoinstitucionalista: Weimberger y MacCormick

El institucionalismo jurídico conceptualmente (e históricamente) es afín al iuspositivismo. A menudo aparece
como una versión suya. Así lo parece en el caso de su
"padre fundador" Santi Romano. Menos cierta es la
descendencia positivista por lo que se refiere al institucionalismo francés, el de Hauriou o el de Renard,
este último en particular empapado de tomismo con
implicaciones iusnaturalistas.

Carl Schmitt es otra historia. En su texto *Über die drei Arten des rechtswissenschaftlichen Denkens*[26], el institucionalismo resulta para él una alternativa tanto al normativismo cuanto, curiosamente, al decisionismo, pero cuando luego lo leemos bien vemos que su *konkretes Ordnungsdenken* reenvía a la decisión de un soberano radical. La decisión extrema que se abre sobre la "nada" y que por lo tanto parece sin "causa", para ser efectiva, necesita también ella del fundamento, y el "ordenamiento concreto" –una fuerte idea de comunidad– está allí para impedir la deriva nihilista o, mejor, la futilidad del gran decisor. Obviamente en tal perspectiva no hay nada de iusnaturalista. Y parecería afín al "existencialismo" heideggeriano allí donde remite a la decisión del sujeto frente a la inautenticidad que le aflige. Si no hay "esencia", sino solo "existencia", por esta y en esta debo decidirme. Schmitt y Heidegger por lo tanto parecen tocarse, e incluso acariciarse en las respectivas perspectivas[27].

Sin embargo, Schmitt es demasiado "católico" para renunciar a la "esencia" que se representa en la homogeneidad de la comunidad de la que la decisión es una expresión. La distinción entre amigo y enemigo, y la decisión sobre la misma, ya está prejuzgada y

---

[26] CARL SCHMITT. *Über die drei Arten des rechtswissenschaftlichen Denkens*, Hamburg, Hanseatische Verlagsanstalt, 1934.

[27] Véase CH. GRAF VON KROCKOW. *Die Entscheidung. Eine Untersuchung über Ernst Jünger, Carl Schmitt, Martin Heidegger*, Stuttgart, Campus, 1990.

dada por la "naturaleza" de la comunidad respectiva
de amigos y enemigos. Schmitt no es Kierkegaard,
que, consciente de la injustificabilidad de la decisión,
se refugia en la ironía y en la irresponsabilidad, en
la "cuarentena" –como dice agudamente Odo Marquard. Schmitt es cualquier cosa menos irónico; se
lo toma demasiado en serio. Y el individuo heroico
no puede afrontar las gravosas tareas de la lucha
amigo-enemigo sin tener las espaldas bien cubiertas
por el "orden concreto". Así, el católico Schmitt se
aproxima sobre todo al protestante y neohegeliano
Karl Larenz que le ofrece una artillería más potente
que la del "*Man*" (siempre frágil, siempre con riesgo
de descomponerse) del que se fía (pero hasta un cierto
punto) Heidegger[28].

Todo ello hace que Schmitt permanezca dentro del
paradigma positivista, ciertamente no aquel norma-
tivista de Kelsen, sino aquel más general de la cele-
bración del "hecho" y de la "fuente". También para
Schmitt no todo en el Derecho es decisión; lo será quizás en el momento extremo del estado de excepción,
que es aquel en el que la comunidad de referencia y
su "esencia" están en peligro. La "excepción", podría
sostenerse, es como un "accidente", que no modifica
lo "esencial" de la naturaleza del Derecho, que resi-

---

[28] Al respecto, véase Antonio Villani. "Heidegger und das 'Problem' des Rechts", en *Die ontologische Begründung des Rechts*, A.
Kaufmann (ed.), Darmstadt, Wissenschaftliche Buchgesellschaft,
1965, pp. 350 y ss.

de en la dimensión espacial (*Grossraum*), en la toma
de posesión ("*nomos*", del griego "*nemein*", que se
parecería al alemán "*nehmen*"[29]), y se toma posesión
de una extensión y de un espacio y por un tiempo
prolongado. La toma de posesión no es puntual, no
es mero consumo. Es división, *actio finium regundo-
rum*, atribución, "*Zuweisung*"[30] –dice Heidegger–, por
tanto, una vez más normatividad, potencia, posibilidad, no mero acto. Schmitt no es un platónico. Pero
tampoco un sincero heideggeriano.

El mundo de referencia del neoinstitucionalismo
es distinto. Los dos actores de referencia aquí son,
como es sabido, Ota Weinberger y Neil MacCormick.
Su teoría es el resultado de una creciente insatisfacción respecto a la estrecha ontología de las diversas
versiones del positivismo, en particular el imperativismo, el normativismo y el realismo. Ni Weinberger
ni mucho menos MacCormick, por razones diversas,
han conseguido dar una forma completa y avanzada
a su propuesta institucionalista. En cierto sentido,
influidos como lo están por el mundo filosófico del
positivismo lógico y de la filosofía analítica anglo-
sajona, se quedan –por así decirlo– a medio camino.
Sin embargo, hay en su obra un nutrido número de
fecundas intuiciones y de formulaciones acabadas.

---

[29] Carl Schmitt. "Nehmen/Teilen/Weiden", en *Verfassungsrechtliche
Aufsätze*, Berlin, Duncker & Humblot, 1954, pp. 489 y ss.

[30] Martin Heidegger. *Über den Humanismus*, Klostermann, Frankfurt
a. M., 1949, p. 53.

Weinberger es un lógico y es de los primeros que elaboran elementos de una específica lógica de las normas. Ahora bien, esta no consigue adecuarse y responder al imperativismo que concibe la norma como un acto de voluntad. Este es un hecho del que no se consigue extraer las consecuencias que bien exige un tratamiento lógico del Derecho. En primer lugar, siguiendo las enseñanzas de Husserl, Weinberger constata que *"logische Beziehungen* nur *unter Abstraktion von psychischen Akten studiert werden können"*[31]. La voluntad y el mandato (fenómenos fundamentalmente psicológicos) no se dejan tratar lógicamente en el sentido de ser capaces de someterse a estructuras formales de deducción. La lógica no es psicología.

Pero sobre todo la norma como mandato, plena como está de psicologismo, hace posible dos consecuencias que son fundamentales para la operatividad de la comunicación jurídica: (1) El significado de la norma debe ser *grosso modo* idéntico en el emisor y en el destinatario; (2) el significado de la norma debe ser *grosso modo* idéntico, o retornable en idénticos términos, en el nivel de quien opera con la norma y en el nivel de quien la observa o la explica. *"Der Normgedanke im Geiste des Befehlenden, im Geiste des*

---

[31] Ota Weinberger. "Die Norm als Gedanke und Realität", en N. MacCormick y O. Weinberger. *Grundlagen des Institutionalistischen Rechtspositivismus*, Berlin, Duncker & Humblot, 1985, p. 62 [trad.: "las relaciones lógicas pueden estudiarse *únicamente* haciendo abstracción de los actos físicos"] (cursivas en el texto).

Normadressaten, des Pflichts- oder Rechtssubjektes und des bloßen Normbetrachters (z. B. Rechtsgelehrten) muß als derselbe Gedanke mit denselben logischen Beziehungen angesehen werden"[32]. Ello queda demostrado –subraya Weinberger– por la inoperatividad de la lógica estándar aplicada al Derecho, que trata las operaciones lógicas del Derecho como operaciones por así decirlo de segundo grado, es decir la "lógica deóntica" de Georg Henrik von Wright. Para el cual, por ejemplo, de O (es obligatorio) $p \& q$ se sigue O (es obligatorio) q, es decir de "se debe cerrar la puerta y encender la luz" se sigue, como alternativa posible y válida, que "se debe encender la luz" de acuerdo con lo que ocurre en la lógica de los enunciados descriptivos. Pero ello no vale en el ámbito de las normas, y por tanto conduce a resultados claramente contradictorios y paradójicos. Ello significa que un enunciado normativo no puede ser incluido en una cadena de razonamiento, aun subrepticiamente, como o mediante un enunciado descriptivo[33].

Por otra parte, el acto de voluntad tiene coordenadas temporales distintas de la norma que puede producir.

---

[32] Ibíd., p. 63 [trad.: "En la mente de la persona que emite un mandato, en la mente de la persona a quien va dirigido, en la del titular del derecho y en la del titular de la obligación, la idea de una norma debe ser la misma y debe tener las mismas relaciones lógicas"].

[33] Véase OTA WEINBERGER. *Rechtslogik*, Wien, Manz, 1970, pp. 204-205; también ID. *Norm und Institution. Eine Einführung in die Theorie des Rechts*, Wien, Manz, 1988, pp. 67, 103.

Pero el ser no es sólo ser en el espacio, sino también en el tiempo. Al contrario –y aquí Weinberger se aproxima a Nicolai Hartmann y a la perspectiva existencialista–, es eminentemente ser en el tiempo: *"Als real bezeichnen wir alles was Dasein in der Zeit hat"*[34]. Pero si el mandato o el acto de posición de la norma y la norma tienen coordenadas temporales diversas (el acto de creación se agota, mientras que la norma perdura en el tiempo), entonces las dos "realidades" son cosas diferentes y como tales debe ser tratadas.

La reafirmación del "ser" de la norma como entidad ideal permite a Weinberger salvar y proyectar una lógica específica de las normas, que él hace girar en torno al *principio de co-validez* (*Mitgeltung*). Una vez que una norma "es", es decir "vale" o mejor "es válida", entonces serán válidas todas las posibles normas inferibles de la primera. *"Das reale Dasein der Normen ist also mit dem idellen Wesen der Normen eng verbunden. Wenn eine gewisse Norm N real gilt (als Bestanteil einer institutionellen Tatsache anzusehen ist), dann gelten auch alle logische Konsequenzen von N, ferner auch die Konsequenzen aus N, die unter Heranziehung wahrer Tatsachenfeststellungen gewonnen warden können"*[35].

---

[34] WEINBERGER. "Die Norm als Gedanke und Realität", cit., p. 67 [trad.: "Realidad puede ser definida como cualquier cosa que existe en el tiempo"].

[35] WEINBERGER. *Norm und Institution. Eine Einführung in die Theorie des Rechts*, cit., p. 80 [trad.: "La existencia real de las normas está estrechamente ligada a su esencia ideal. Si se determina que una norma *N* –todas las *N*– es realmente válida (es decir, que ha de

O, dicho en términos "inferencialistas", que una norma es válida significa que son válidas todas las posibles inferencias lógicas derivables de ella. Lo que significa la validez, lo que ella es, se comprende mediante la aplicación del principio de co-validez. Aplicado a la teoría el significado, este criterio nos diría que el significado de un enunciado resulta mediante la suma de los enunciados que se pueden inferir de él.

Parecería entonces que Weinberger le exige al Derecho una fuerte dimensión normativa, *à la Kelsen*. Pero no es así. Por dos razones. Ante todo, la norma en la teoría de Kelsen se presenta como un ente ambiguo, atrapado tras el juicio hipotético (que es un "ser", si bien etiquetado como "deber ser"). El *Rechtssatz* kelseniano es descriptivo/normativo, en una mezcla difícilmente resoluble manteniendo en concreto la noción de "juicio hipotético" (que no es obviamente "categórico"). Y luego la norma kelseniana está vinculada a la sanción, es juicio hipotético sobre la aplicación de la sanción. En general una pena aflictiva. Pero la sanción no puede definirse como tal de manera independiente. No es identificable como tal, si no existe una cualificación normativa previa. Es esta, por tanto, la que necesita la norma, y no la norma la que se cualifica como tal mediante

---

considerarse parte de un hecho institucional), entonces también lo serán todas las consecuencias de *N*, y así lo serán también las consecuencias de *N* que puedan derivarse de conjugar *N* con proposiciones verdaderas de hecho"].

la sanción[36]. Y luego –añade Weinberger–, la función
del Derecho está lejos de ser principalmente coactiva
o represiva: *"Das Recht ist durchaus nicht nur repres-
siv motivierend. Seine Hauptfunktion ist lenkend und
organisierend, und hierzu taugt die positive Motivation
oft besser als Zwangsmaßnahmen"*[37]. Pero tampoco se
puede adherir al realismo jurídico que interpreta el
significado de la norma como del todo congruente con
la conducta de los sujetos de Derecho. La conducta de
los destinatarios de las normas debe ser bien tenida
en cuenta; *"doch ist das Verhalten der Subjekte nicht mit
dem Realdasein der Norm gleichzusetzen"*[38].

Una vez excluidos imperativismo, normativismo y
realismo, pareceríamos estar atrapados en un *impasse*.
¿Cómo definir entonces el Derecho? Y aquí Weinberger regresa de nuevo a la vieja tradición del institucionalismo, pero renovándola profundamente. Ello
tiene lugar por una parte en las categorías de referencia que ahora ya no son *lato sensu* sociológicas,

---

[36] Véase al respecto OTA WEINBERGER. "Der Begriff der Sanktion und
seine Rolle in der Normenlogik", en *Normenlogik. Grundprobleme
der deontischen Logik*, H. Lenk (ed.), München, 1974, pp. 89 y ss.

[37] OTA WEINBERGER. "Tatsachen und Tatsachenbeschreibungen", en
MACCORMICK y WEINBERGER. *Grundlagen des Institutionalistischen
Rechtspositivismus*, cit., p. 121 [trad.: "El Derecho no motiva
solamente por medio de la represión. Su función principal es
directiva y organizativa, y para tal fin resulta más apta una
motivación positiva que un conjunto de medidas represivas"].

[38] WEINBERGER. "Die Norm als Gedanke und Realität", cit., p. 68
[trad.: "pero esto no equivale a decir que su conducta *es* la norma,
o que la existencia real de esta última coincide con la primera"].

sino de proveniencia analítica. Y luego depurando el institucionalismo de cualquier implicación político-normativa o comunitarista. La institución es un espacio de acción, una posibilidad abierta de normas, pero sólo si tales normas son empleadas y actuadas[39]. Y es un específico espacio de realidad, de manera que la ambigüedad kelseniana, y no sólo kelseniana, entre *Sein* y *Sollen* puede preverse como resuelta.

En la distinción entre *Sein* y *Sollen* el "deber ser" no es un "ser" (por definición). Ello es bastante plausible en la construcción kantiana, donde el *Sollen* termina por coincidir con el mundo no sensible, el mundo inteligible, el "reino de los fines", una realidad que así puede considerarse completamente contrafáctica. Pero el Derecho *no* es contrafáctico, a diferencia de la moral. El Derecho existe cuanto menos en el tiempo (las normas tienen un inicio y un término de validez); cosa que no ocurre a las normas morales cuya universalizabilidad sobrepasa también la perspectiva temporal. ¿Y entonces? ¿Cuál es el *Sein*, o qué *Sein* es aquel que sostiene aquel *Sollen* que se dice ser diferente del *Sein*? El neoinstitucionalismo con la noción de *institución*, que sitúa juntos lo normativo y lo fáctico, en términos de posibilidad real parece ofrecer una solución. Dicha naturaleza "dual" del Derecho resulta también de la naturaleza misma de la

---

[39] Sobre la diferencia entre el "viejo" y el "nuevo" institucionalismo, véase Massimo La Torre. "Institutionalism old and new", en *Ratio Juris*, vol. 4, 1991.

institución tal y como es presentada por Weinberger.
La institución en realidad es el producto de normas
definitorias, o constitutivas, y de normas regulativas,
o prescriptivas, y de un *plus* de efectividad, que es
una cierta praxis dada, empíricamente observable.

Neil MacCormick es el otro neoinstitucionalista
que es considerado en este trabajo. Su formación es
diferente a la de Weinberger. Este último es un alum-
no de Franz Weyr, amigo estrecho de Kelsen, y cabeza
de la rama checa, la escuela de Brünn, de la "Teoría
pura del Derecho". Y Weinberger es también sobre
todo un estudioso de lógica, formado en la tradición
de la escuela de Viena y del neopositivismo lógico.
MacCormick se forma por el contrario entre Escocia
y Oxford, donde comienza su carrera como *lecturer*
junto a Herbert Hart. Su referencia teórica es la filosofía del lenguaje ordinario, la de John Langshaw
Austin, y luego obviamente la filosofía analítica tal
y como es interpretada por Hart[40]. Su ambiente es
el muy rico contexto de discusión filosófica que se
produce en Oxford en los años cincuenta y sesenta.
Ryle, Anscombe, y obviamente tras ellos Wittgenstein,
le son bien conocidos.

Así, el problema en torno al cual se concentra Neil
MacCormick no es la lógica de las normas (como por
el contario ocurre con Weinberger), sino más bien el

---

[40] Así, NEIL MACCORMICK es el autor del volumen que constituye
la más atenta y sensible reconstrucción del pensamiento iusfilo-
sófico de HART. Véase NEIL MACCORMICK. *H. L. A. Hart*, London,
Arnold, 1981.

análisis de los conceptos del lenguaje de los juristas, tema con el que Hart había comenzado su carrera de investigador y docente de *jurisprudence*. Ahora, aquí, MacCormick se encuentra con dos planteamientos que le satisfacen poco. De un lado, está la descomposición de los conceptos en puntos de confluencia de normas, o su reducción a momentos del lenguaje fácilmente identificables mediante un análisis que pretende ser fundamentalmente lexicográfico, sin pretensión existencialista alguna. Un poco a la manera de *The Concept of Mind* de Ryle, pero radicalizando más tal perspectiva y terminando por transformarla en una especie de crítica de la ideología. O bien a la manera de Quine, que si bien predica "tolerancia" en la adopción de la ontología de referencia, repropone una especie de doctrina de los *idola tribus*, que más allá de una estructura del universo entendida en términos rígidamente fenoménicos nos introduce –aunque necesariamente– en el terreno de la "mitología"[41].

Obviamente el concepto de "mente" al que dedica atención Ryle tiene implicaciones mucho más graves y densas que el concepto de Derecho, o de derecho subjetivo o de contrato. Pero de estos últimos parte el análisis y el desarrollo neoinstitucionalista de MacCormick. Que, debe añadirse, está próximo al prescriptivismo, que aún transmite Hart: la idea de

---

[41] Véase la conclusión de W. V. O. QUINE. "On what there is", en *From a Logical Point of View*, New York, Harper & Row, 1961, pp. 18-19.

que el Derecho a fin de cuentas sea sólo la suma de "prescripciones", lenguaje prescriptivo contrapuesto al lenguaje asertivo de las ciencias empíricas. Hart en realidad centra su atención en las "normas secundarias", que adscriben poderes, y no imponen obligaciones, se distancia del prescriptivismo, pero lo hace sin proclamarlo, y sin extraer las consecuencias ontológicas por lo que se refiere a la específica forma de ser que es el Derecho.

El manifiesto del programa neoinstitucionalista de MacCormick ya está completamente enunciado en su lección inaugural como *Regius Professor* de la Universidad de Edimburgo, *Law as Institutional Fact*, de 1973[42]. Por el título, el problema a tratar parece ser qué sea el tipo de cosa o mejor de hecho que es el Derecho; pero la atención de MacCormick sobre todo está concentrada en los conceptos jurídicos, o mejor, son estos el punto de partida para llegar a definir el "hecho", el "ser" del Derecho. Respecto de los conceptos jurídicos el positivismo a menudo tiene problemas; asumida una posición voluntarista o imperativista, *grosso modo* la omnipotencia del legislador, o de la "fuente", los conceptos deben reducir su propia "esencia", ya que de otra manera podrían constituir una especie de contrapoder al momento soberano de la decisión o del hecho imperativo o

---

42 NEIL MACCORMICK. "Law as institutional fact", en N. MACCORMICK y O. WEINBERGER. *An Institutional Theory of Law*, Dordrecht, Kluwer, 1986, pp. 49 y ss.

convencional. Recordemos que el antepasado del positivista es el "nominalista", y para este los conceptos son meros nombres o instrumentos, sin que "detrás" de ellos haya nada sustancial.

MacCormick se encuentra así con un panorama teórico donde se dan fundamentalmente tres vías o doctrinas. Para una primera y más radical, los conceptos jurídicos son justo "magia", nociones "metafísicas" sin referente concreto en la realidad (el ejemplo siempre citado es el derecho subjetivo), por lo tanto –como dice Bentham a propósito de los Derechos del hombre, "*nonsense upon stilts*", sinsentidos sobre zancos...–. Egregio representante de esta visión es en el siglo xx Karl Olivecrona[43], pero todo el realismo jurídico, en especial el escandinavo, defiende el mismo punto de vista. "Magia", por tanto palabra vacía, eso son los conceptos jurídicos. El mundo del realista está hecho de cosas sólidas, que se pueden tocar y ver, que duelen físicamente cuando se choca con ellas, que se mueven y te mueven mecánicamente, y los conceptos jurídicos no son nada de esto. En una ontología estrechamente empirista o materialista no hay derechos u obligaciones que cuenten, ni contratos o negocios jurídicos.

La segunda perspectiva es la que reprocha a los conceptos jurídicos ser "ideológicos", hipóstasis de normas o de relaciones de normas. Esa es la famo-

---

[43] Véase Karl Olivecrona. *Law as Fact*, 2.ª ed., London, Stevens & Sons, 1971, cap. sexto, en particular pp. 182 y ss.

sa interpretación de Alf Ross en su ensayo *Tû-Tû*[44].
"Tû-Tû" es un concepto normativo de una tribu hipotética; al que no le corresponde ningún objeto en
el mundo. Tiene una función ideológica, en cuanto
que da nombre y valor a lo que son sólo relaciones
entre varias normas. Si puede tener alguna utilidad es
como "técnica de presentación" de las normas mismas.
Hans Kelsen, en cierto sentido, al menos respecto a
algunos conceptos, vuelve a proponer una visión de
este tipo. El derecho subjetivo es para él una figura
ideológica que bien puede ser reducida al Derecho
objetivo; sin embargo puede servir como instrumento
técnico de actuación de la obligación y de la norma.

En fin, está la posición de Hart. Esta es más articu-
lada, menos agresivamente escéptica. Se construye a
partir de intuiciones de Wittgenstein y de su discípulo
"renegado" Friedrich Waismann. Hart obviamente
rechaza el esencialismo, la idea de que los conceptos
jurídicos puedan definirse por género y especie o diferencia, por sustancia y accidente. A esta vetusta visión
él contrapone la idea wittgensteiniana de la semejanza
de familia corregida un poco con el añadido de la noción de caso "paradigmático" o "central", una especie
de "tipo ideal" weberiano. Debe añadirse que esta
idea le permitirá a John Finnis proponer una especie
de esencialismo neoplatónico, en donde el tipo ideal
weberiano –ignorando las recomendaciones del mismo Weber– es colmado de una normatividad fuerte[45].

---

[44] Véase Alf Ross. "Tû-Tû", en *Harvard Law Review*, 1957-1958.

Pero no es esta la vía de Hart, que se mantiene aún en el interior del positivismo y el descriptivismo, sin concesiones a la conexión entre Derecho y moral (que es por el contrario la que reafirma Finnis con su versión del caso "central"). Este, para Finnis, supone una especie de "perfección" de la que participan los diversos ejemplos del concepto, de manera más o menos integral o avanzada. Lo cual es del todo extraño a Hart, que por el contrario habla de *"Porosität der Begriffe"*[46] (retomando una idea de Friedrich Waismann[47]) y vincula los conceptos jurídicos al lenguaje ordinario, también porque ello le es posible por su asunción del punto de vista interno. Los conceptos del jurista teórico no son diferentes de los del jurista práctico, por cuanto puedan situarse en un plano más elevado de tecnicidad o de abstracción. El punto de vista del científico del Derecho y sus conceptos deben *grosso modo* ser superponibles a los conceptos de aquellos que operan dentro del Derecho y a

---

[45] "El programa weberiano –proclama Finnis– es parte del de Aristóteles" (JOHN FINNIS. "On 'Positivism' and 'Legal Rational Authority'", en *Oxford Journal of Legal Studies*, 1985, p. 76). Cfr. MASSIMO LA TORRE. "Sobre dos versiones opuestas de iusnaturalismo: incluyente vs. excluyente", Francisco M. Mora Sifuentes (trad.), en *Revista Derecho del Estado*, n.º 30, 2013, pp. 7-30 (reimpreso con modificaciones en el presente volumen).

[46] H. L. A. HART. "Jhering's Heaven of Concepts", en *Essays in Jurisprudence and Philosophy*, Oxford, Clarendon, 1983, pp. 274-275 [trad.: "porosidad de los conceptos"].

[47] Véase FRIEDRICH WAISMANN. "On verifiability", en *Proceedings of the Aristotelian Society*, Supplement, vol. 19, 1949.

sus prácticas con aquellos conceptos. Sin embargo, Hart parece mantener el carácter en buena medida "instrumental" de dichos conceptos, sin concederles una onza más de significación y de "realidad". Lo que MacCormick parece no aceptar, en una perspectiva de moderada reontologización de los conceptos jurídicos a los cuales se hacen corresponder hechos especiales, "*institutional facts*".

MacCormick sin embargo no parece distinguir demasiado entre "institución" y "hechos institucionales", a diferencia de Weinberger. El problema de la específica densidad ontológica de la convivencia social le interesa poco. De manera que es este último, Weinberger, el que quizás ofrece una ontología institucionalista más elaborada y sofisticada. Weinberger, por ejemplo, anticipa esta conclusión de John Searle, el "descubridor" de los "hechos institucionales": "*Institutional facts can exist only within human institutions*"[48]. Y es de aquí desde donde se mueve MacCormick, o mejor este es el punto de partida. Él ha estudiado a Searle y es consciente de la distinción elaborada por este entre "hechos brutos" y "hechos institucionales", los primeros meramente empíricos, los otros lógicamente posibles mediante reglas. Estas, para Searle, como es sabido, o son regulativas, prescriptivas, cuyo objeto es lógicamente posible independientemente

---

[48] John R. Searle. *The Construction of Social Reality*, London, Penguin, 1995, p. 27 [trad.: "los hechos institucionales sólo pueden existir dentro de instituciones humanas"].

de las reglas mismas, o bien son constitutivas, reglas
cuyo objeto depende lógicamente de la regla misma.

Entonces, contratos, derechos, *trusts*, sociedades,
etc., además de conceptos jurídicos, son realidades
que tienen lugar mediante el empleo de normas y su
actuación. O al menos esto es lo que cree MacCormick.
Tales conceptos, en cuanto realidades, y no solo como
nociones técnicas, designan por tanto los "hechos",
que determinan efectos empíricos sobre los sujetos.
Un resarcimiento de daños depende de la presencia o
no de un cierto contrato, y el resarcimiento en dinero
abre posibilidades empíricas claras. Por no hablar de
los conceptos de Derecho penal, cuya operatividad
y actuación puede conducir a la celda de una cárcel.
Pero tales hechos no son empíricos; el contrato –Ross
tiene razón– no designa un "objeto" en el mundo, y sin
embargo tiene un significado densísimo, porque hace
posible una práctica y es invocado por una práctica
para ser orientada.

Tales hechos, que existen, que "son", a pesar de no
ser empíricos, no siendo por tanto "brutos", deberán
entonces ser "institucionales". Los conceptos jurídicos, operativos en la práctica jurídica, son para Mac-
Cormick precisamente y de manera principal hechos
de este tipo. La "institución" de MacCormick es eminentemente la realidad, la práctica, que se manifiesta
gracias a la operatividad de un concepto jurídico, del
tipo de un "contrato" o de un "derecho subjetivo"[49].

---

[49] Véase Neil MacCormick y Zenon Bankowski. "La théorie des

Y el Derecho, el ordenamiento jurídico, es un hecho
institucional, en cuanto resulta de la suma de los
conceptos jurídicos operativos y de las prácticas que
estos explican. Es hecho institucional en cuanto sistema de "hechos institucionales".

Podría parecer que esta propuesta vuelve a poner
sobre la mesa la vieja concepción de los "institutos
jurídicos" de la *Begriffsjurisprudenz* que está aún en
boga en la ciencia jurídica alemana e italiana. Se piensa
que se puedan identificar ciertos *Rechtsinstitute* con
específicas características esenciales, por ejemplo el
matrimonio, que requeriría la diferencia de sexo entre
los cónyuges, o la familia que requeriría la presencia
de un padre y una madre, y así sucesivamente. Y mediante esta "naturaleza" de los conceptos jurídicos,
melius de los "institutos", se ha creído poder decidir casos concretos. Y en realidad se ha hecho, de
acuerdo con un razonamiento pleno de esencialismo.
Ahora bien, MacCormick no tiene intención alguna
de recorrer esta vía, por la simple razón de que el
contenido o la operatividad del "instituto", o del
"hecho institucional", ha sido dado por las normas
de referencia[50], y luego por la práctica que se sirve
de estas. Aquí no hay, en suma, una "esencia" independiente de la "existencia".

---

actes de langage et la théorie des actes juridiques", en *Théorie
des actes de langage, éthique et droit*, París, Presses Universitaires
de France, 1991, pp. 195 y ss.
[50] Véase MACCORMICK. "Law as institutional fact", cit.

Y sin embargo hay quien lo duda. Así podría ser resumida la crítica que Ronald Dworkin dirige al neoinstitucionalismo. Dworkin cree encontrar en la perspectiva de MacCormick (sobre Weinberger no se pronuncia) el resurgir de la concepción "criteriológica" del concepto de Derecho. Es decir, una vez satisfechas ciertas condiciones necesarias, identificadas ciertas reglas, sería posible decir qué es el Derecho. La verdad de un enunciado sobre lo que es el Derecho dependería completamente de la satisfacción de ciertas condiciones semánticas. Esta perspectiva –sostiene Dworkin– se reproduce en el Derecho entendido como "hecho institucional", si la verdad sobre el Derecho se hace depender exclusivamente de la identificación del hecho institucional pertinente. En particular la tesis institucionalista –continúa el filósofo americano– haría imposible la solución (y la explicación) incluso de los casos judiciales más simples. "*Pour moi, la thèse soutenant que le droit est vrai (quand il est vrai) en tant que fait institutionnel, ne permet pas d'expliquer la decision même dans les cas simples*"[51]. La referencia al "hecho institucional" implicaría un razonamiento jurídico que resolvería la cuestión de la verdad del Derecho en una "cuestión histórica"[52],

---

[51] Ronald Dworkin. "La complétude du droit", en *Controverses autour de l'ontologie du droit*, París, Presses Universitaires de France, 1989, p. 131 [trad.: "Para mí la tesis que sostiene que el derecho es real (cuando es real) como hecho institucional, no permite explicar la decisión misma en los casos simples"].

[52] Ibíd., p. 32.

lo cual haría implausible la interpretación por fines o
por principios, que por el contrario es una necesidad
y una constante en la interpretación de los materiales jurídicos. El recurso al hecho institucional sería,
según el teórico estadounidense, una vía ulterior
para confirmar la tesis positivista del Derecho como
"hecho", es decir dimensión sin principios.

Dworkin comparte la idea de que el Derecho no es
un hecho bruto, siendo por lo tanto un hecho dependiente de la praxis humana, un "hecho sobrevenido"
–"*a supervenient fact*". No es posible que todas las otras
cosas del universo sean verdaderas y que el mundo
resulte diferente sólo porque, por ejemplo, es abolida
la prohibición de fumar en un aula universitaria[53].
Los hechos del Derecho se superponen al mundo
empírico, lo "sobrevienen". En este sentido Dworkin
se adhiere a la idea de que el Derecho es un hecho
institucional, y sin embargo toma distancia, si el hecho
en cuestión es entendido en términos "esencialistas",
como un evento en el mundo, un "existente" –diría
Heidegger–, no un "ser", un hecho definido históricamente, cuya historia se ha concluido de manera
que es sólo observable o constatable, pero en el que
no puedo ni contribuir ni participar. El hecho institucional es así "histórico", pero no "hermenéutico".
"*Selon la vision institutionnelle, le droit existe, les propo-
sitions concrètes du droit sont vraies, en vertu de l'histoire
propre à une communauté politique donnée. Cette histoire*

---

[53] Ibíd., p. 128.

*est le produit d'un certain type de pratique coûtumière et
de décisions prises par des institutions visant des buts
précis"*[54]. Sobre ello, sobre el carácter "histórico" del
hecho institucional", Dworkin no disiente; añade sin
embargo la idea de que la historia de la que se habla
y de la que el hecho institucional es expresión se da
en la controversia sobre la manera de concebirla y
de dictarla según una red de principios y conceptos con una fuerte universalizabilidad. Sin embargo
hay tentaciones –oxonienses y no– de interpretar a
Dworkin, y al Derecho, en términos de una teoría de
la superveniencia de los hechos morales que ya no
serían reducibles a hechos históricos e institucionales.

Dworkin apunta a lo que puede ser un problema
y una deficiencia en la doctrina neoinstitucionalista;
pero nada fundamental en esta la compromete en términos anti-hermenéuticos. El principio de co-validez
de Weinberger –como se ha visto– hace del sentido
de la norma una dinámica continuada de inferencias
posibles, y en la concepción de MacComick las *institutive rules"* permiten e incluso constituyen un ámbito
de acción que es constantemente reinterpretado y
definido[55]. Sin embargo ni Weinberger ni MacCormick

---

[54] Ibíd., p. 129 [trad.: "Según la visión institucional, el Derecho
existe, las proposiciones concretas del Derecho son reales, en
virtud de la historia propia de una comunidad política concreta.
Esta historia es el producto de un cierto tipo de práctica habitual
y de decisiones tomadas por instituciones que buscan alcanzar
objetivos precisos].

[55] Véase MacCormick y Bankowski. "La théorie des actes de langage
et la théorie des actes juridiques", cit., pp. 207-208.

piensan que la argumentación sobre las normas y sobre los conceptos jurídicos sea eminentemente de carácter ético-político, y que exista un paso necesario, en el razonamiento jurídico, de la operación mediante normas a la deliberación moral, como por el contrario sostiene Dworkin. El *esprit géométrique* parece, tanto en Weinberger como en MacCormick, prevalecer a menudo sobre el *esprit de finesse*. De manera que posiblemente el filósofo estadounidense no se equivoca del todo en su crítica del institucionalismo, en donde el paso de la "esencia" a la "existencia" es aquí aún tímido, inconsciente, no suficientemente desarrollado. Pero los neoinstitucionalistas probablemente no se equivocan en mantener una clara distinción entre teoría del significado y teoría moral o, mejor dicho, en subrayar la prioridad de la teoría del significado sobre la teoría moral. Para que haya *valores* y *principios* presuponemos o necesitamos antes *sentido*. La obligación normativa no-moral, la del lenguaje y de la práctica, precedería así la obligación moral y le proporcionaría su marco y su "punto". La vía opuesta sería la de moralizar la normatividad y los mismos fenómenos culturales.

V. "EXISTENCIALISMO" E INSTITUCIONALISMO

En la perspectiva esencialista clásica (platonismo, aristotelismo, tomismo), la "esencia" precede a la "existencia", en el sentido de que es más que ella. Ello en cuanto que la excede por contenido y posibilidades. Dicho en otros términos, aquí la "potencia" es mayor que el "acto". En la perspectiva "existen-cialista", por el contrario, la "existencia" precede a la "esencia"; la primera es más que la segunda, que no logra contenerla ni resumirla. El accidente está en la "existencia", que no se deja abarcar en su concepto. Lo "universal-concreto" de Hegel se da sólo en la contingencia de un ser, de una práctica. La "potencia" es absorbida en el "acto". Una vez que la "esencia" de las cosas se retira, se retrae y se esconde, *"deus absconditus"*, la naturaleza del hombre y de su mundo se manifiesta sólo en la trama de las decisiones y de las conductas de la "existencia", *"homo absconditus"*[56]. Por otra parte la "esencia" es "una", singular, mien-tras la "existencia" es "múltiple", plural. Más que de *"homo absconditus"*, debería hablarse entonces de *"homines absconditi"*.

Traducida al ámbito del Derecho y de la disputa ontológica sobre su naturaleza, la contraposición en-tre "esencialismo" y "existencialismo" se despliega *grosso modo* del siguiente modo. Para el "esencialis-mo" el concepto de Derecho consigue resumir tanto su posible esencia, sus propiedades fundamentales, o al menos las centrales o "focales", cuanto las ejem-plificaciones o concreciones del concepto mismo, de manera que la práctica del Derecho, su *modus ope-randi*, y la percepción que se tiene de él en el interior de la práctica misma, no tienen especial relevancia,

---

[56] HANS JONAS. *Zwischen Nichts und Ewigkeit. Zur Lehre des Menschen*, Göttingen, Vandenhoeck, 1963, cap. primero.

o en todo caso no poseen relevancia definitoria. La definición se da fuera de todo "acontecer", es decir eminentemente desde el punto de vista externo.

Esta vía es explícita y radicalmente declarada y asumida en la fenomenología husserliana, cuyo requisito de "pureza" no se ejerce tanto contra y respecto a la dimensión del "deber ser" cuanto, mucho más dramáticamente, respecto a la dimensión de la "efectividad", o "existencialidad" del fenómeno considerado. Es la *"epoché"*, la abstinencia de lo real, recomendada por el fenomenólogo. *"Die Sachen selbst"*, "las cosas mismas", se encuentran sólo si no nos distraemos con su contingente versión existencial: *"Der naturliche Seinsboden ist in seiner Seinsgeltung sekundär, er setzt beständig den traszendentalen voraus"*[57]. Lo que cuenta aquí sería encontrar –por decirlo con Juan Ramón Jiménez– "el nombre exacto de las cosas": "Que mi palabra sea la cosa misma". Algo parecido, si bien no tan radical o extremo, volvemos a encontrarlo de manera permanente en las doctrinas de estrategia esencialista. La abstinencia del "acontecer" refleja de alguna manera la sospecha hacia el mundo de la percepción sensible y de su "caducidad" o "no fiabilidad" que encontramos como *leit-motiv* de mucha reflexión filosófica y que quizás –dígase de paso– no

---

[57] EDMUND HUSSERL. *Cartesianische Meditationen*, 3.ª ed., E. Ströker (ed.), Hamburg, Felix Meiner, 1995, p. 23 [trad.: La base natural de la realidad es secundaria en su valor de realidad: presupone constantemente la trascendental].

es del todo injustificada. El refugiarse en el ámbito circunscrito de la *"epoché"* no es diferente de la duda metódica de Descartes, o de la búsqueda de la "forma" en la filosofía platónica.

Ahora bien, para el "existencialismo" vale lo contrario. Es la práctica, el "acontecer", lo que nos puede, quizás, ofrecer la intuición de la naturaleza del Derecho. De hecho, ni siquiera es correcto aquí hablar de "intuición", ya que el proceso de aprehensión de lo real en este caso es sobre todo sensible y pragmático, más que intelectivo. La naturaleza del Derecho no es buscada en su concepto a priori, o en un punto de vista externo, sino en su contingencia, en su "existencia", en su practicarse. El lugar de la definición es por tanto aquí trasladado a la praxis, en la suma de las concretas operaciones y acciones, el punto de vista "interno".

Subráyese que el "existencialismo" no coincide con una perspectiva naturalista. La "existencia" aquí no es ser meramente biológico o determinísticamente gobernado. Se da mediante hechos de (incluso baja o mínima) reflexividad, por ejemplo mediante la conciencia de su finitud, de la "apertura" a la muerte de la que nos habla Heidegger a propósito del *Dasein*, el "acontecer" propio de los humanos. La definición, como una novela, puede tener un fin; de ella puede escribirse la palabra final. Se concluye una definición, como se concluye una novela o una historia, un relato. Pero una vida desde el punto de vista de quien vive se define precisamente porque el final no es conocido ni aún está escrito. Lo mismo vale para la práctica humana, la "existencia". La "esencia" tiene un fin, porque no es limitada temporalmente. La "existencia" no lo tiene, porque es por el contrario delimitada en el tiempo, perecedera, "abierta a la muerte". Resultado paradójico podrá decirse, pero no por esto implausible. Si tuviera todo el tiempo de este mundo a disposición, podría siempre posponer o esperar. Por desgracia no lo tengo, y entonces tengo que decidirme, debo actuar, antes de que mi tiempo termine.

La exigencia de conciencia y de reflexividad (o de finitud) a la que reenvía la perspectiva existencialista no puede considerarse satisfecha por ninguna forma de teoría del Derecho naturalizada, por ningún realismo jurídico que dilate la finitud de la experiencia humana en la infinitud de cadenas causales o de conexiones neuronales. Ahora bien, el institucionalismo no es de hecho una *jurisprudence* "naturalizada"[58]. Su problema es precisamente el de ofrecer una explicación de un "concepto" o, mejor, de una realidad, que no es la inerte de una piedra, o la irreflexiva de la flor de una planta, o aun la de la activa pero "infinita" (ya que no "abierta a la muerte") de un animal en constante búsqueda de alimento, o de una conducta a la que no se adscribe un "sentido" desde dentro, desde el punto de vista de quien pone la conducta en marcha, y que "razones" no pueden alterar, de aquella "naturaleza", es decir causal o determinista,

---

[58] Cfr. BRIAN LEITER. *Naturalizing Jurisprudence. Essays on American Realism and Naturalism in Legal Philosophy*, Oxford, Oxford University Press, 2007.

estudiada, y posiblemente predecible, por las ciencias empíricas o naturales.

La contingencia del institucionalista no es el mero encontrarse –por así decirlo– de una causa y un efecto, sino más bien lo "nuevo" que se abre allí donde una conducta se proyecta como aplicación e intención de reglas. La acción del Derecho se desarrolla en un espacio institucional que tiene un comienzo y tendrá un fin, y más allá del comienzo no se puede regresar causalmente (en términos deterministas), ya que la cadena de eventos aquí no es empíricamente causal, sino puesta en marcha y actuación de "sentido". Las reglas constitutivas de una institución, las *"institutive rules"* de MacCormick[59], ya no son condiciones necesarias y suficientes del darse y de la validez normativa de la institución. La *"open texture"* del Derecho no se clausura nunca de manera definitiva. No es casual que Weinberger lea y cite a Nicolai Hartmann, como fuente teórica de su concepción del Derecho, ya que para el filósofo alemán –como es sabido– es *"das Gesetz des Novum"*, la "ley de lo nuevo", lo que expresa la característica principal del estrato ontológico que emerge y se condensa en la convivencia social[60]. Lo "nuevo" –nótese– es también contrario al

---

[59] Véase MacCormick. "Law as institutional fact", cit.

[60] Véase Nicolai Hartmann. *Neue Wege der Ontologie*, Stuttgart, W. Kohlhammer, 1949, p. 65. Al respecto dicen cosas similares también Hannah Arendt (*On Human Condition*, Chicago, The University of Chicago Press, 1958) y Cornelius Castoriadis (*L'institution imaginaire de la société*, cit.).

"Uno"; se da en la dimensión de la "existencia", no de la "esencia", de la "praxis", no del "concepto", de la "historia", no de la "naturaleza"[61].

VI. A nuestro marciano imaginario: "quédate con nosotros"

¿Y nuestro marciano? Después de lo dicho, ¿qué habrá entendido del Derecho? ¿Qué podrá contar sobre él al regreso a su planeta? Probablemente tendrá ahora las ideas más confusas que nunca. Y la cuestión sobre qué es el Derecho le quede sin resolver, un misterio. Estos "humanos", pensará, son unos tipos bien extraños, que se complican sobre cosas extrañas, que no se ven, que no se tocan, no se sienten, y que por el contario dicen que existen. ¿Pero cómo haré para conocerlo?, se preguntará aún. Y la respuesta no podrá ser más que la siguiente. Quédate un poco más con nosotros humanos, habitantes de la Tierra. Si quieres conocer lo que hacemos socialmente, la "institución", debes participar un poco, situarte en su espacio de posibilidades de acción. Observar las prácticas o las "instituciones" es de alguna manera

---

[61] En relación con esto, me complace recordar, aunque el tema debería profundizarse más, que uno de los más originales institucionalistas italianos, Guido Fassò, vincula estrechamente la institución a la historia, en una perspectiva llena de idealismo pero que es muestra del antiesencialismo implícito en parte de la doctrina institucionalista. Véase Guido Fassò. *La storia come esperienza giuridica*, Milano, Giuffrè, 1954.

participar en ellas, adoptar las reglas que son su condición de perceptibilidad[62]. Para entender el ajedrez hay que ver y observar jugar a los dos adversarios, pero sólo observar nos dice aún poco. Hay que jugar una partida, o meterse en la piel de quien juega la partida, usar las reglas.

Para el Derecho es lo mismo. No participamos en el "mundo", en la "naturaleza", como participamos en una "práctica". Sufrimos las "leyes" de la naturaleza, adoptamos o usamos las "reglas" de la práctica. Y el Derecho es una "práctica", que –como subraya Robert Alexy– bien puede prescindir del observador, pero que desaparecería y se disolvería sin el "participante"[63]. Si tiene una "esencia", ella es dada por el punto de vista del participante. Que el marciano, entonces, para poder saber qué es el Derecho debe poder hacer suya.

La "esencia" tiene que ver con la determinación del "ente". Es así y no puede ser de ninguna otra forma.

---

[62] CORNELIUS CASTORIADIS. "Mode d'être et problème de connaissance du social-historique", en *Figures du pensable*, París, Seuil, 1999, p. 328: "*Ainsi, après la 'description extérieure' d'une société (de son organisation ensidique et fonctionnelle), nous devons tenter de saisir son eidos particulier, ce qui implique de pénétrer et comprendre le magma de ses significations imaginaires sociales*" [trad.: De esta forma, tras la "descripción exterior" de una sociedad (de su organización ensídica y funcional) debemos captar su *eidos* particular, lo que implica penetrar y comprender el magma de sus significados imaginarios sociales].

[63] ROBERT ALEXY. *La natura del diritto. Per una teoria non-positivistica*, Napoli, Edizioni scientifiche italiane, 2015, cap. primero.

A lo más puede tener accesorios, revestimientos, re-
producciones, duplicados, o "reflejos". La "esencia"
puede ser "identificada", observada, quizás también
(si se la considera una "especie natural", la "*natural
kind*" de Dworkin[64]) "verificada", pero no imaginada,
no inventada, no creada. Y el Derecho es así, porque es
producción de Derecho, y por tanto su "esencia" se
da en los términos de una "existencia". Lo cual sitúa
fuera de juego por lo menos al positivismo jurídico
"excluyente" (el de Raz) y reenvía para la definición
del concepto de Derecho a la controversia sobre el
contenido de lo que es el núcleo duro, o, si se prefiere, el elemento magmático, "caótico" ya que más
profundo, o sumergido (¿el *Witz* de Wittgenstein[65]?),
de la "institución" misma o del razonamiento de los
juristas y de aquellos que practican y viven el Derecho.

---

[64] Véase la introducción de Ronald Dworkin. *Justice in Robes*, Cambridge (Mass.), Harvard University Press, 2006, véase especialmente su distinción entre "conceptos criteriales", "conceptos
interpretativos" y "conceptos de clase natural".

[65] Sobre están noción, véase por lo menos Ludwig Wittgenstein.
Philosophische Untersuchungen, Frankfurt a. M., Suhrkamp, 1977,
p. 238 (I, 567).

BIBLIOGRAFÍA

ADAMS, JOHN N. y ROGER BROWNSWORD. *Understanding Law*, 2.ª ed., London, Sweet and Maxwell, 1999.

ALEXY, ROBERT. *The Argument from Injustice. A Reply to Legal Positivism*, Oxford, Clarendon, 2002.

ALEXY, ROBERT. *La natura del diritto. Per una teoria non-positivistica*, Napoli, Edizioni scientifiche italiane, 2015.

ARENDT, HANNAH. *On Human Condition*, Chicago, The University of Chicago Press, 1958.

ARENDT, HANNAH. *Vita activa*, München, Piper, 1960.

ARENDT, HANNAH. *On Revolution*, New York, Viking, 1963.

ARENDT, HANNAH. *Men in Dark Times*, New York, Harcourt, Brace & World, 1968.

ARENDT, HANNAH. *Crises of the Republic*, Harmondsworth, Penguin, 1972.

ARENDT, HANNAH. *The Life of the Mind*, vol. 1, Mary McCarthy (ed.), New York, Harcourt, 1978.

Arendt, Hannah. *The Life of the Mind*, vol. 2, Mary Mc-
Carthy (ed.), New York, Harcourt, 1978.

Arendt, Hannah. "Labor, Work, Action", en *Amor Mundi:
Explorations in the Faith and Thought of Hannah Arendt*,
al cuidado de J. W. Bernauer, Dordrecht, Martinus
Nijhoff, 1986.

Arendt, Hannah. *Lectures on Kant's Political Philosophy*,
R. Beiner (ed.), Chicago, The University of Chicago
Press, 1989.

Arendt, Hannah. *On Human Condition*, 2.ª ed., Chicago,
The University of Chicago Press, 1998.

Arendt, Hannah. *Denktagebuch*, vol. 1, U. Ludz e I. Nordmann (eds.), München, Piper, 2002.

Arendt, Hannah. *Denktagebuch*, vol. 2, U. Ludz e I. Nordmann (eds.), München, Piper, 2002.

Arendt, Hannah. *The Origins of Totalitarianism*, New
York, Schocken Books, reimp. 2004.

Arendt, Hannah. *Between Past and Future*, London, Penguin, 2006.

Arendt, Hannah. "Truth and Politics", en *Between Past
and Future*, J. Kohn (ed.), London, Routledge, 2006.

Bespaloff, Rachel. *De l'Iliade*, París, Allia, 2004.

BEYLEVELD, DERICK y ROBERT BROWNSWORD. "The Implications of Natural Law Theory for the Sociology of Law", en A. CARTHY (ed.). *Post-Modern Law-Enlightenment, Revolution and the Death of Man*, Edinburgh, Edinburgh University Press, 1990.

BEYLEVELD, DERICK y ROBERT BROWNSWORD. *Law as Moral Judgment*, 2.ª ed., Sheffield, Sheffield Academic Press, 1994.

BLOOM, ALAN. *The Closing of American Mind*, New York, Simon and Schuster, 1987.

BLUMENBERG, HANS. *Säkularisierung und Selbstbehauptung*, Frankfurt a. M., Suhrkamp, 1974.

BRUNKHORST, HAUKE. *Hannah Arendt*, München, Beck, 1999.

CASTORIADIS, CORNELIUS. *L'institution imaginaire de la société*, Paris, Gallimard, 1974.

CASTORIADIS, CORNELIUS. "Mode d'être et problème de connaissance du social-historique", en *Figures du pensable*, París, Seuil, 1999.

COLEMAN, JULES. "Negative and Positive Positivism", en *Journal of Legal Studies*, n.º 11, 1982.

COLEMAN, JULES. "Authority and Reason", en ROBERT P. GEORGE (ed.). *The Autonomy of Law. Essays on Legal Positivism*, Oxford, Oxford University Press, 1996.

Dworkin, Ronald. *Taking Rights Seriously*, Duckwort, London, 1978.

Dworkin, Ronald. *A Matter of Principle*, Harvard University Press, Cambridge (Mass.), 1985.

Dworkin, Ronald. *Laws Empire*, London, Fontana Press, 1986.

Dworkin, Ronald. "La complétude du droit", en *Controverses autour de l'ontologie du droit*, Paris, Presses Universitaires de France, 1989.

Dworkin, Ronald. *Justice in Robes*, Cambridge (Mass.), Harvard University Press, 2006.

Fassò, Guido. *La storia come esperienza giuridica*, Milano, Giuffrè, 1954.

Finnis, John. *Natural Law and Natural Rights*, Oxford, Clarendon, 1980.

Finnis, John. "On 'Positivism' and 'Legal Rational Authority'", en *Oxford Journal of Legal Studies*, 1985.

Finnis, John. "Natural Law and Legal Reasoning", en Robert. P. George (ed.). *Natural Law Theory. Contemporary Essays*, Oxford, Oxford University Press, 1994.

Finnis, John. "Law, Morality, and Sexual Orientation", en *Notre Dame Journal of Law, Ethics & Public Policy*, n.º 9, 1995.

FINNIS, JOHN. "The Truth in Legal Positivism", en R. P. GEORGE (ed.). *The Autonomy of Law. Essays on Legal Positivism*, Oxford, Clarendon, 1996.

FINNIS, JOHN. "Natural Law and Ethics of Discourse", en *Ratio Juris*, n.º 12, 1999.

FINNIS, JOHN, JOSEPH BOYLE y GERMAIN GRISEZ. *Nuclear Deterrence, Morality and Realism*, Oxford, Clarendon, 1989.

FLORES D'ARCAIS, PAOLO. *Hannah Arendt: Esistenza e libertà*, Roma, Donzelli, 1995.

FRIES, JACOB F. "Philosophische Rechtslehre", en *Sämtliche Schriften*, vol. 9, G. König y L. Geldsetzer (eds.), Aalen, Scientia, 1971.

GEORGE, ROBERT P. *In Defence of Natural Law*, Oxford, Oxford University Press, 1999.

GEORGE, ROBERT P. *The Clash of Orthodoxies: Law, Religion, and Morality in Crisis*, Wilmington, ISI Books, 2001.

GEWIRTH, ALAN. *Reason and Morality*, Chicago, University of Chicago Press, 1978.

GEWIRTH, ALAN. "Foreword", en D. BEYLEVELD. *The Dialectical Necessity of Morality*, Chicago, University of Chicago Press, 1991.

GRAF VON KROCKOW, CH. *Die Entscheidung. Eine Untersuchung über Ernst Jünger, Carl Schmitt, Martin Heidegger*, Stuttgart, Campus, 1990.

GÜNTHER, KLAUS. "Diskurstheorie des Rechts oder liberales Naturrecht in diskurstheoretischem Gewande?", en *Kritische Justiz*, 27, 1994.

HABERMAS, JÜRGEN. "Die Geschichte von den zwei Revolutionen (H. Arendt)", en *Kultur und Kritik. Verstreute Aufsätze*, Frankfurt a. M., Suhrkamp, 1973.

HABERMAS, JÜRGEN. "Hannah Arendts Begriff der Macht", en *Politik, Kunst, Religion*, Stuttgart, Reclam, 1978.

HABERMAS, JÜRGEN. *Between Facts and Norms*, W. Rehg (trad.), Cambridge (Mass.), Polity, 1998.

HÄGERSTRÖM, AXEL. *Die Philosophie der Gegenwart in Selbstdarstellungen*, R. Schmidt y Felix Meiner (eds.), Leipzig, 1929.

HARE, RICHARD M. "Do agents have to be moralists?", en *Gewirth's Ethical Rationalism. Critical Essays with a Reply by Alan Gewirth*, Chicago, University of Chicago Press, 1984.

HART, H. L. A. *The Concept of Law*, Oxford, Clarendon Press, 1961.

HART, H. L. A. *Essays in Jurisprudence and Legal Philosophy*, Oxford, Clarendon, 1983.

HART, H. L. A. "Jhering's Heaven of Concepts", *Essays in Jurisprudence and Philosophy*, Oxford, Clarendon, 1983.

HART, H. L. A. "Postscript", en *The Concept of Law*, 2.ª ed., Oxford, Clarendon, 1994.

HARTMANN, NICOLAI. *Neue Wege der Ontologie*, Stuttgart, W. Kohlhammer, 1949.

HAURIOU, MAURICE. "Aux sources du droit: le pouvoir, l'ordre et la liberté", en *Cahiers de la Nouvelle Journée*, Paris, 1925.

HAZLITT, WILLIAM. "On Reason and Imagination", en *On the Pleasure of Hating*, Cambridge (Mass.), Polity, 2004.

HEIDEGGER, MARTIN. *Über den Humanismus*, Frankfurt a. M., Vittorio Klostermann, 1949.

HEIDEGGER, MARTIN. *Was heisst Denken?*, Tübingen, Niemeyer, 1954.

HEIDEGGER, MARTIN. *Kant e il problema della metafisica*, V. Verra (trad.), Roma, Bari, Laterza, 1981.

HEIDEGGER, MARTIN. *Sein und Zeit*, 17.ª ed., Tübingen, Max Niemeyer, 1993.

HUSSERL, EDMUND. *Cartesianische Meditationen*, 3.ª ed., E. Ströker (ed.), Hamburg, Felix Meiner, 1995.

Jacobitti, Suzane. "Hannah Arendt and the Will", en *Political Theory*, vol. 16, 1988.

Jahanbegloo, Ramin. *Conversations with Isaiah Berlin: Recollections of an Historian of Ideas*, London, Orion, 1993.

Jestaedt, Matthias. "Hans Kelsens Rechtslehre. Eine Einführung", ensayo introductorio a la reedición de Hans Kelsen. *Reine Rechtslehre*, M. Jestaedt (ed.), Tübingen, Mohr Siebeck, 2008.

Jonas, Hans. *Zwischen Nichts und Ewigkeit. Zur Lehre des Menschen*, Göttingen, Vandenhoeck, 1963.

Kalyvas, Andreas. "From the Act to the Decision. Hannah Arendt and the Question of Decisionism", en *Political Theory*, vol. 32, 2004.

Kalyvas, Andreas. *Democracy and the Politics of the Extraordinary. Max Weber, Carl Schmitt, and Hannah Arendt*, Cambridge (UK), Cambridge University Press, 2008.

Kelsen, Hans. *Reine Rechtslehre*, 1.ª ed., Wien, Deuticke, 1934.

Kelsen, Hans. *Allgemeine Theorie der Normen*, Wien, 1978.

Kelsen, Hans. *Reine Rechtslehre*, M. Jestaedt (al cuidado de), Tübingen, Mohr Siebeck, 2008.

Knott, Marie-Luise. *Unlearning with Hannah Arendt*, London, Granta Books, 2015.

La Torre, Massimo. "Institutionalism old and new", en *Ratio Juris*, vol. 4, 1991.

La Torre, Massimo. "Rules, institutions, transformations. Considerations on the 'Evolution of Law' Paradigm", en *Ratio Juris*, n.º 10, 1997.

La Torre, Massimo. "Ota Weinberger, Neil MacCormick e il neoistituzionalismo giuridico", en *Filosofi del diritto contemporanei*, G. Zanetti (ed.), Milano, Cortina, 1999.

La Torre, Massimo. *Law as Institution*, Dordrecht, Springer, 2010.

La Torre, Massimo. "Sobre dos versiones opuestas de iusnaturalismo: 'incluyente' vs. 'excluyente'", Francisco M. Mora Sifuentes (trad.), en *Revista Derecho del Estado*, n.º 30, 2013 (reimpreso, con modificaciones, en el presente volumen).

Leiter, Brian. *Naturalizing Jurisprudence. Essays on American Realism and Naturalism in Legal Philosophy*, Oxford, Oxford University Press, 2007.

Llewellyn, Karl. *The Bramble Bush*, New York, Oceana Publications, 1939.

Luhmann, Niklas. *Das Recht der Gessellschaft*, Frankfurt a. M., 1993.

MacCormick, Neil. *H. L. A. Hart*, London, Arnold, 1981.

MacCormick, Neil. "Gewirth's Fallacy", en *Queen's Law Journal*, n.º 9, 1984.

MacCormick, Neil. "Law as institutional fact", en N. MacCormick y O. Weinberger. *An Institutional Theory of Law*, Dordrecht, Kluwer, 1986.

MacCormick, Neil y Ota Weinberger. *An Institutional Theory of Law*, Dordrecht, Springer, 1985.

MacCormick, Neil y Zenon Bankowski. "La théorie des actes de langage et la théorie des actes juridiques", en *Théorie des actes de langage, éthique et droit*, Paris, Presses Universitaires de France, 1991.

Macpherson, Crawford Brough. *Hannah Arendt: The Recovery of the Public World*, M. A. Hill (ed.), New York, St. Martin's Press, 1979.

Marmor, Andrei. *Interpretation and Legal Theory*, Oxford, Clarendon, 1992.

Marquard, Odo. *Der Einzelne. Vorlesung zur Existenzphilosophie*, F. J. Wetz (ed.), Stuttgart, Reclam, 2013.

McCarthy, Mary. "Postface", en N. Chiaromonte. *The Paradox of History*, University of Pennsylvania Press, Philadelphia, 1985.

Moore, Michael S. "Law as functional kind", en R. P. George (ed.). *Natural Law Theory. Contemporary Essays*, Oxford, Oxford University Press, 1998.

MURPHY, MARK C. "Natural Law Theory", en *A Companion to Philosophy and Legal Theory*, D. Patterson (ed.), Oxford, Blackwell, 1999.

MURPHY, MARK C. *Natural Law and Practical Rationality*, Cambridge (UK), Cambridge University Press, 2001.

MURPHY, MARK C. *Natural Law in Jurisprudence and Politics*, Cambridge (UK), Cambridge University Press, 2006.

MURPHY, MARK C. *Philosophy of Law. The Fundamentals*, Oxford, Blackwell, 2007.

NAGEL, THOMAS. "Raz on Liberty and Law", en *Concealement and Exposure and Other Essays*, Oxford, Oxford University Press, 2002.

NINO, CARLOS. *Derecho, moral y política. Una revisión de la teoría general del derecho*, Barcelona, Ariel, 1994.

OAKESHOTT, MICHAEL. "The Concept of a Philosophical Jurisprudence", en *Politica*, septiembre de 1938.

OLIVECRONA, KARL. *Law as Fact*, 2.ª ed., London, Stevens & Sons, 1971.

PALMER OLSEN, HENRIK y STUART TODDINGTON. *Law in Its Own Right*, Oxford, Hart, 1999.

PAREKH, BHIKHU. *Hannah Arendt and the Search for a New Political Philosophy*, London, Macmillan, 1981.

Parekh, Bhikhu. "Hannah Arendt's Critique of Marx", en *Hannah Arendt: The Recovery of the Public World*, M. A. Hall (ed.), New York, St. Martin's Press, 1979.

Passerin d'Entrèves, Alessandro. *La dottrina dello Stato*, 2.ª ed., Torino, Giappichelli, 1967.

Quine, W. V. O. "On What There Is", en *From the Logical Point of View*, New York, Harper & Row, 1961.

Quine, W. V. O. "Two Dogmas of Empiricism", *From a Logical Point of View*, New York, Harper & Row, 1961.

Raz, Joseph. *Practical Reason and Norms*, 2.ª ed., Princeton, Princeton University Press, 1990.

Raz, Joseph. *Ethics in the Public Domain*, Oxford, Clarendon, 1994.

Raz, Joseph. "Authority, Law and Morality", en *Ethics in the Public Domain*, Oxford, Clarendon, 1996.

Raz, Joseph. "On the Autonomy of Legal Reasoning", en *Ethics in the Public Domain*, Oxford, Clarendon, 1996.

Raz, Joseph. "The Nature of Law", en *Ethics in the Public Domain*, Oxford, Clarendon, 1996.

Raz, Joseph. *Between Authority and Interpretation*, Oxford, Oxford University Press, 2009.

Ross, Alf. "Tû-Tû", en *Harvard Law Review*, 1957-1958.

RYLE, GILBERT. *The Concept of Mind*, London, Penguin, 1983.

SCHMITT, CARL. *Über die drei Arten des rechtswissenschaftlichen Denkens*, Hamburg, Hanseatische Verlagsanstalt, 1934.

SCHMITT, CARL. "Nehmen/Teilen/Weiden", en *Verfassungsrechtliche Aufsätze*, Berlin, Duncker & Humblot, 1954.

SEARLE, JOHN R. *Speech Acts*, Cambridge University Press, Cambridge, 1967.

SEARLE, JOHN R. *Speech Acts: An Essay in the Philosophy of Language*, Cambridge University Press, 1969.

SEARLE, JOHN R. *The Construction of Social Reality*, London, Penguin, 1995.

SHKLAR, JUDITH N. "Hannah Arendt as Pariah", en *Partisan Review*, vol. 50, 1983.

SMITH, S. D. *Law's Quandary*, Cambridge (Mass.), Harvard University Press, 2007.

STRAUSS, LEO. *Liberalism Ancient and Modern*, New York, Basic Books, 1968.

VILLANI, ANTONIO. "Heidegger und das 'Problem' des Rechts", en *Die ontologische Begründung des Rechts*, A. Kaufmann (ed.), Darmstadt, Wissenschaftliche Buchgesellschaft, 1965.

Waismann, Friedrich. "On verifiability", en *Proceedings of the Aristotelian Society*, Supplement, vol. 19, 1949.

Waluchow, Wilfrid J. "Charter Challenges: A Test Case for Theories of Law", en *Osgoode Hall Law Journal*, 29, 1991.

Weil, Simone. *Venice sauvée*, Paris, Gallimard, 1968.

Weinberger, Ota. *Rechtslogik*, Wien, Manz, 1970.

Weinberger, Ota. "Der Begriff der Sanktion und seine Rolle in der Normenlogik", en *Normenlogik. Grundprobleme der deontischen Logik*, H. Lenk (ed.), München, 1974.

Weinberger, Ota. "Die Norm als Gedanke und Realität", en N. MacCormick y O. Weinberger. *Grundlagen des Institutionalistischen Rechtspositivismus*, Berlin, Duncker & Humblot, 1985.

Weinberger, Ota. "Tatsachen und Tatsachenbeschreibungen", en N. MacCormick y O. Weinberger. *Grundlagen des Institutionalistischen Rechtspositivismus*, Berlin, Duncker & Humblot, 1985.

Weinberger, Ota. *Norm und Institution. Eine Einführung in die Theorie des Rechts*, Wien, Manz, 1988.

Weinberger, Ota. *Norm und Institution*, Wien, Mansche-Verlag, 1990.

WITTGENSTEIN, LUDWIG. *Tractatus logico-philosophicus*, Frankfurt a. M., Suhrkamp, 1963.

WITTGENSTEIN, LUDWIG. *Philosophische Untersuchungen*, Frankfurt a. M., Suhrkamp, 1977.

ZAMBRANO, MARÍA. *El pensamiento vivo de Séneca*, Buenos Aires, Losada, 1944.

ÍNDICE ONOMÁSTICO

www.ingramcontent.com/pod-product-compliance
Lightning Source LLC
Chambersburg PA
CBHW021555210326
41599CB00010B/450